すぐに役立つ

◆**図解とQ&Aでわかる**◆
浮気調査から財産分与、養育費、親権まで

離婚をめぐる法律とトラブル解決相談129

弁護士 **梅原ゆかり** 監修

三修社

本書に関するお問い合わせについて
本書の内容に関するお問い合わせは、お手数ですが、小社
あてに郵便・ファックス・メールでお願いします。
なお、執筆者多忙により、回答に1週間から10日程度を
要する場合があります。あらかじめご了承ください。

はじめに

　厚生労働省が公表している「人口動態統計（確定数）の概況」によると、平成24年の1年間の離婚件数は、23万5406組とされています。この本を手にとった方の中には、「急に離婚話を持ち出され、どうしたらよいか判断に困っている」「子どもがまだ小さく、このまま離婚してよいものかどうか迷っている」という人もいるでしょう。また、「すぐに離婚したいけれど、どう進めてよいのかわからない」という人や、「まだ、離婚までは考えていないけれど、このままいくといずれは離婚することになる」という人もいるでしょう。

　本書は、様々な理由から離婚を決断したり、決断しようと考えている方のための入門書です。離婚においては、何と言っても当事者間の話し合いが基本です。ですから、離婚についての話がまとまれば、どんな理由であっても離婚することができます。現に、離婚する人の9割以上が協議離婚です。ただ、夫婦のどちらか一方が、離婚に反対したり、財産分与、慰謝料、養育費などの金銭問題、子どもの親権をどちらにするかなどで話しがあわないときには家庭裁判所を通した調停や審判による離婚もあります。調停や審判で解決できなければ、最終的に離婚訴訟を起こして離婚の請求をすることもできます。

　本書では、離婚すべきかどうか、財産分与や慰謝料、養育費などのお金の問題、親権や子どもをめぐる問題、離婚事由や調停や審判、訴訟になった場合の手続き、DVをめぐる問題、浮気調査など興信所の利用をめぐるトラブルなど、129のQ&Aを掲載しています。

　また、第8章では、離婚をする場合の、様々な相談機関や離婚後に必要になる各種変更手続き、慰謝料や財産分与について定めた公正証書、離婚給付金の支払請求などに利用する内容証明郵便の書き方について解説しました。この他、入籍届や離婚不受理申出書、離婚調停の申立書といった書式を掲載しています。

　どんなに話し合いが長引いても解決できないものは決してありません。あきらめずに、しっかりとした意思をもつようにしましょう。

　本書をご活用いただくことで、皆様のお役に立つことができれば、幸いです。

監修者　弁護士　梅原　ゆかり

Contents

はじめに

第1章　離婚を決意する前に

1　真剣に離婚を考えています。裁判所へ行って訴訟を申し立てるのが効果的でしょうか。　14

2　離婚する際に必ず決めなければならない事項には、どんなものがあるのでしょうか。　16

3　浮気相手と結婚するために、妻に無断で離婚届を提出したところ、受理されました。離婚は成立したのでしょうか。　18

4　離婚を協議中です。私はもう一度やり直しても、と考えていますが、夫が勝手に離婚届を出してしまいそうで心配です。　19

5　すぐにも離婚したいのですが、財産分与や慰謝料の交渉が長期化しそうで困っています。どうすればよいでしょうか。　20

6　離婚を考えていますが、幼い子どもがおり、今は踏み切れません。何年か先に離婚するならどんな準備をしておけばよいでしょうか。　21

7　離婚が成立する前に家を出ると、慰謝料を請求できなくなるのでしょうか。　22

8　夫と離婚の話し合いをしていますが、なかなか結論が出ません。もう一緒に住んでいるのは苦痛なのですが…。　23

9　夫と離婚を前提に別居することになりました。別居期間にはどんなことをしておくべきでしょうか。　24

10　夫と別居中です。子どもが成人するまで離婚はしないことになったのですが、それまで夫に生活費を請求することはできますか。　25

11　夫と別居して子ども3人と生活しています。夫に生活費を請求したいのですが、どの程度の金額を請求できるのでしょうか。　26

12　夫と別居中です。私が病気で働けず、実家から援助を受けていましたが父が病気になり収入がありません。夫に援助してもらうことはできますか。　27

13　妻が一方的に実家に帰り3年過ぎました。最近親密になった女性と結婚を考えています、離婚を切り出すことは可能でしょうか。　28

14　経済的な事情で妻と別居をしていました。状況が好転したので同居を持ちかけましたが、妻が同居に応じてくれません。　29

15　離婚すると戸籍の扱いはどのようになるのでしょうか。　30

16　離婚して旧姓に戻ったのですが、私が親権を持つことになった子どもは自動的に私の戸籍に入らないのでしょうか。　32

17　5歳の子どもに夫と離婚したことをまだ伝えていません。どう説明すればよいのでしょうか。　34

第2章　財産分与・慰謝料をめぐる問題

1　財産分与と慰謝料にはどんな違いがあるのでしょうか。離婚時に決めておかなければなりませんか。　36

2　平均的な会社員の専業主婦です。離婚を考えていますが、財産分与と慰謝料とで普通はどの程度になるものでしょうか。　37

3　離婚時に財産分与できるものを教えて下さい。まだ受け取っていませんが、夫の退職金は対象になりますか。　38

4　離婚にあたって財産分与をしなければならないのですが、対象となる財産の範囲を教えて下さい。　39

5　財産分与の対象となる財産はどのように評価すればよいのでしょうか。　40

6　専業主婦です。離婚する際に財産分与を要求することはできるでしょうか。　41

7　専業主婦です。協議離婚することになりましたが、預貯金もなく分ける財産がありません。離婚後の生活が不安です。　42

8　専業主婦ですが、お金の管理は夫がすべてやり、家の財産がどうなっているかわからないので離婚後の生活が心配です。　43

9　夫のめぼしい財産は会社名義です。会社名義の財産について財産分与は受けられないのでしょうか。　44

10　共働きなどの場合は財産分与が2分の1になるのはわかる気がするのですが、私のような専業主婦の場合はどうなるのでしょうか。　45

11　持家は夫と子どもが住むため財産分与の対象としませんでした。離婚して1年たちますが、家を財産分与することはできますか。　46

12　今住んでいるマンションについて財産分与をする場合、どんな問題がありますか。　47

13　夫との離婚を考えていますが、収入や子どもの学校のこともあり、離婚後も今の家に住みたいと考えています。可能でしょうか。　48

14　夫の給料から少しずつ私名義のヘソクリを貯めています。離婚する場合、それも財産分与の対象となるのでしょうか。　49

15　結婚して共働きをしていましたが、離婚することにしました。財産分与の比率はどのようにすべきでしょうか。　50

16　離婚の慰謝料を請求したいのですが、その額は結婚期間によって変わってくるのでしょうか。　51

17 浮気を繰り返す夫に疲れ果て、娘2人を私が育てる条件で離婚したいと考えています。慰謝料はどの程度請求できるのでしょうか。	52
18 姑の執拗な嫌がらせに疲れました。離婚したいのですが姑にも慰謝料を請求することはできますか。	53
19 夫と「性格の不一致」を理由に離婚することになりました。慰謝料を請求することはできますか。	54
20 離婚の原因を作った夫の浮気相手に慰謝料を支払わせたいと考えています。請求は可能でしょうか。	56
21 夫の不倫が原因で離婚することになりました。慰謝料はどの程度受け取ることができるのでしょうか。	57
22 夫の浮気が原因で離婚しました。一番の被害者は子どもです。子どもが夫の浮気相手に慰謝料を請求することはできますか。	58
23 財産分与・慰謝料の分割払いを求められています。一般的にはどのように支払いが行われているのでしょうか。	59
24 離婚時の財産分与で財産を受け取ると課税されるというのは本当でしょうか。また、慰謝料などを受け取った場合、贈与税がかかるのでしょうか。	60
25 長年内縁関係にあった夫が別の女性と同棲するようになりました。別れた場合、財産分与や慰謝料の請求はできるでしょうか。	62
26 離婚の際、夫から家を譲り受けましたが、先日「夫婦間の贈与だから取り消す」と言われました。家を返さなければなりませんか。	64

第3章 年金・ローン・退職金をめぐる知識

1 離婚後の生活費は年金に頼ることになりますが、年金について全く知りません。どんな種類があるのでしょうか。	66
2 専業主婦で年金を納めた経験がありません。それでも受給できる年金があると聞きましたが、離婚しても支給されますか。	68
3 結婚するまで会社勤めをしていました。離婚した場合、厚生年金はどうなるのでしょうか。	70
4 女性は男性より、年金を早く受け取れると聞きましたが、厚生年金の支給時期はどのように判断するのでしょうか。	72
5 現在62歳の専業主婦です。夫との離婚を考えていますが、65歳になるまで待つようにアドバイスされました。なぜでしょうか。	74
6 年金暮らしになった夫との離婚を考えています。夫に支給されている年金の一部を私が受け取るということはできないのでしょうか。	76
7 離婚にあたり、年金の分割をしたいと考えています。合意分割と3号分割では手続きに違いはあるのでしょうか。	78

8 夫とは内縁関係でしたが、このたび別れることになりました。離婚では年金を分割できると聞きましたが、私は該当しますか。 80
9 年金を分割するために、必要な情報が知りたいのですが、夫に知られずに入手できますか。 81
10 夫の退職前に離婚すると、退職金や年金は財産分与してもらえるのでしょうか。 82
11 夫と離婚後マンションは欲しいのですが、どのような手続きをすればよいのでしょうか。ローンは残っています。 84
12 妻から熟年離婚を切り出され別居中です。妻への財産分与をできるだけ減らすために、退職金などは一人娘に贈与したいのですが。 86

第4章　養育費をめぐる問題

1 調停離婚をしましたが、最近、会社員の元夫が養育費を支払ってくれません。どうすれば支払ってもらえるでしょうか。 88
2 夫に養育費を確実に払ってもらうため公正証書を作成するつもりですが、将来、1度決めた額を変更することは可能でしょうか。 90
3 離婚し、子どもの親権者になりました。生活が厳しいので、別れた夫に養育費を要求することは可能でしょうか。 92
4 離婚の際、「養育費を求めない」と約束してしまいました。学費などが足りなくなっても一切請求できないのでしょうか。 93
5 再婚すると元夫からの養育費はもらえなくなるのでしょうか。 94
6 離婚時に決めた養育費の額を増やしてもらうことはできるのでしょうか。 95
7 離婚訴訟を起こし、実家に帰りました。子どもがいるため養育費が必要です。離婚訴訟係争中でも養育費を夫に請求できますか。 96
8 親権を取った妻の方は子どもと一緒にいられるのだから、離れて暮らす私は養育費を払わなくてもよいと思うのですが。 97
9 離婚した場合、子どもの養育費は親権を持つ者がすべて負担しなければならないのでしょうか。 98
10 自己破産すると養育費の支払義務はどうなるのでしょうか。 99
11 最近離婚した元妻から、出産したので養育費を払ってほしいと連絡がありました。私の子ではないと思うのですが拒否できますか。 100

第5章　親権をめぐる問題

1 親権とは具体的にはどんな権利なのでしょうか。 102
2 離婚協議中の妻と親権を争っています。知人から監護者と親権者を分ける方法もあると聞いたのですが、どう違うのでしょうか。 103

- 3 離婚しますが、事情があって双方とも子どもを引き取れません。子どもはどうなりますか。 104
- 4 上に中学生の男の子と、下に小学5年の女の子がいます。1人だけでも私が引き取りたいのですが、可能でしょうか。 105
- 5 最終的には裁判で親権者が決定するそうですが、その基準となるポイントにはどんなものがあるのでしょうか。 106
- 6 離婚するにあたって、子どもの親権は父親である私がとりたいと考えています。父親は不利でしょうか。 108
- 7 離婚を決めたとたん、皮肉なことに妊娠していることがわかりました。生まれた子どもは、母親としてぜひ私が育てたいのですが。 109
- 8 娘が離婚し、婿が孫を養育していますが、先日孫が父親から暴力を受けていると逃げてきました。孫を引き取る方法はありますか。 110
- 9 親権者の親権を一時的に停止させる制度があると聞きましたが、どんな制度なのでしょうか。 111
- 10 娘が、突然、元夫に連れ去られてしまいました。親権者の私はどうすればよいのでしょうか。 112
- 11 小学5年生の娘が、親権者である元夫の交際相手である女性の暴力に耐えられず、私の家に来ました。どうすればよいのでしょうか。 113
- 12 離婚して、夫が子どもを引き取ることになります。離婚後子どもに会うにはどうすればよいのでしょうか。 114
- 13 離婚後、妻が子どもを引き取っています。私の暴力が原因で別れたのですが、子どもと会うことはできますか。 115
- 14 元夫は、月2回の面会交流日に嫌がる子どもを無理やり連れ回します。面会交流を取りやめることはできるのでしょうか。 116
- 15 調停離婚で妻が親権者となりましたが、私と子どもとの面会をじゃまして会わせようとしません。何とか守らせたいのですが。 117
- 16 妻が引き取って面倒を見ている子どもを、なんとか私の方で引き取れないものでしょうか。 118
- 17 外国人女性と結婚し、子どももできましたが、離婚を考えています。子どもの親権は、どのように解決すればよいのでしょうか。 119
- 18 親権者であった、別れた夫が死亡しました。子どもの親権者になることはできますか。 120

第6章　離婚原因と離婚手続きをめぐる問題

- 1 離婚するにあたっては、どんな方法があるのでしょうか。 122
- 2 離婚届を提出するにあたっては、どんなものが必要になるのでしょうか。 124
- 3 離婚には双方が同意しましたが、金銭面の折り合いがつきません。手

続きだけを先にすませ、他は後で決めてもよいのでしょうか。　125

4　話し合いで離婚することにしました。財産分与の内容も決めましたが
　　まだ口約束だけです。書面を作成する必要はありますか。　126

5　私の妻は、ある新興宗教の布教活動に飛び回り、家事や育児はそっち
　　のけです。こんなことが離婚理由になるのでしょうか。　128

6　私は子どもが産めません。夫と愛人の間に子どもができ、別居状態です。
　　生活費はもらっていますが、どうすればよいのでしょうか。　130

7　夫が出会い系サイトで知り合った女性とメール交換しているのを見つ
　　けました。裏切りは絶対許せないので別れたいのですが。　131

8　一度だけ女性と関係を持ってしまいました。妻は浮気したら離婚だと
　　公言しています。発覚したら離婚しなければなりませんか。　132

9　一度は夫の浮気を許しました。夫はそれを盾に離婚に応じようとしま
　　せん。不信感から愛も冷めて、もうがまんできないのですが。　133

10　妻とどうしても性格が合わないため、離婚したいと考えていますが妻
　　は拒否しています。離婚するのは難しいのでしょうか。　134

11　夫から愛人と結婚するために離婚したいと言われました。私は納得で
　　きないのですが、離婚に応じなければなりませんか。　136

12　妻が認知症を患っています。最近は夫の私のことも認識できなくなり、
　　精神的に辛いので離婚したいのですが可能でしょうか。　138

13　うつ病の妻を5年間看病してきましたがなかなか回復せず、私も疲れ
　　果ててしまいました。病気は離婚の理由として認められますか。　139

14　覚せい剤所持で逮捕されました。2度目なので実刑が確実です。妻か
　　ら離婚を切り出されましたが、私はそうしたくないのですが。　140

15　私の浮気が原因で別居しました。別居後に、夫と愛人との間に子ども
　　ができ、離婚を切り出されました。応じなければなりませんか。　141

16　息子に対する虐待を理由として、夫に離婚を求めた場合、認められる
　　のでしょうか。　142

17　夫婦の間では離婚に同意しているのですが子どもが反対しています。子
　　どもが同意しないと離婚できないのでしょうか。　143

18　育児に協力しないばかりか、私を家政婦扱いする夫との生活に疲れて
　　しまいました。離婚を考えていますが認められるでしょうか。　144

19　就職も家事もしない夫に離婚を請求することはできるのでしょうか。　145

20　夫に結婚前の借金があることが最近わかりました。大事な問題を隠し
　　ていた夫に不信感が募っています。離婚できるでしょうか。　146

21　夫の浪費癖がひどく、いくら言っても聞いてもらえず、精神的に追い
　　込まれています。離婚できるでしょうか。　147

22　同居する独身の義姉が、私の容姿や実家の家柄について口汚く罵るの
　　に、夫は止めようともしません。離婚はできるでしょうか。　148

23 夫が同性愛者だとわかりました。夫は不倫ではないと開き直っていますが、離婚することはできますか。　149

24 夫は支配的な性格で、気に入らないことがあるときつい暴言で私を責めます。暴力はないのですが、DV にあたりますか。　150

25 夫の暴力に耐えかね、実家に帰っています。このまま会わずに離婚したいのですが、可能でしょうか。　152

26 夫のひどい暴言のせいで、私は自分の意見が言えません。子どもにも同じことをするので離婚したいのですが、可能でしょうか。　153

27 夫とは別居して離婚協議中ですが、脅迫めいた電話やメールを繰り返し、つきまといをやめません。どうしたらよいでしょうか。　154

28 15 歳年上の夫は、私がセックス求めても「疲れた」といって、応じようとしません。こんなことが離婚理由になるのでしょうか。　155

29 夫の事業が業績不振で、負債を抱えています。離婚して、私が財産分与を受け、債権者の追及を逃れることは可能ですか。　156

30 国際結婚し、外国人の夫の姓に変更しました。離婚するにあたって日本姓に戻るためにはどんな手続きが必要なのでしょうか。　157

31 外国人の女性と結婚し日本に住んでいます。離婚の話が出ていますが、妻の本国では離婚が認められていません。離婚できますか。　158

第7章　興信所への調査依頼と注意点

1 配偶者が頻繁に浮気相手とメールしています。携帯はロックされていて見られません。相手がどんな人か知りたいのですが。　160

2 調査してほしいことがあります。インターネットで調べると探偵、興信所、調査会社などが出てきますが、違いはあるのでしょうか。　161

3 夫の浮気の調査を、興信所などに依頼したいのですが、信頼できる興信所はどのように見分ければよいのでしょうか。　162

4 調査の依頼をしたら、近くの喫茶店を指定されました。人の目のあるところで会うのは、誰に見られているかわからず不安です。　164

5 調査の契約をする時に注意することはありますか。また、契約は書面で交わせるのでしょうか。　166

6 調査費用はどのように決まるのでしょうか。また、法令などで決まっている金額はあるのでしょうか。　168

7 正確な調査をしてもらえるのか不安です。業者の対応で気をつけなければならないケースはありますか。　170

8 浮気調査を依頼したいのですが、法外な調査料請求や、逆に脅されたりしないか不安です。　172

9 浮気調査の依頼の契約をしました。知人から、悪質業者だと知らされ、解約を申し出たのですが、法外な違約金を請求されました。　173

10 調査報告が文書ではなく、口頭での簡単な説明だけでした。本当に調査したのかわからず、不信感を持ちました。 174
11 調査をしている最中に、探偵が不法行為を行い、夫の不倫相手が私を訴えると言っています。 175
12 浮気の証明には、どんなものが証拠として認められますか。 176
13 夫が浮気をしています。相手の素性を知りたいのですが、興信所の調査は違法にはならないのでしょうか。 178
14 調査費用を抑えるために、契約の前までに準備しておくことはありますか。 180

第8章 困ったときの相談先・法的解決法

離婚の悩みをサポートする機関や相談先
客観的なアドバイスをもらえる専門機関／182　家庭裁判所の利用法／182　福祉事務所や児童相談所への相談／183　各弁護士会の有料法律相談／184

離婚した際に発生する公的な手続き
各種変更手続き／185
書式 離婚届の不受理申出書／186　書式 入籍届／187　書式 離婚の際に称していた氏を称する届／188

離婚後に受給できる公的給付
児童扶養手当／189　母子福祉資金・寡婦福祉資金／189　その他の支援／189

公正証書の作成と活用法
公正証書とは／191　作成上の注意点／192
書式 離婚に伴う公正証書／194

約束を履行させるための手続き
債務者の財産隠しを封じるための手段／195　調停前の仮の処分／195　審判前の保全処分とは／196　民事保全手続き／196　民事保全手続きの流れ／197　家事事件についての強制執行／198　履行の確保に関する手続き／199　一般の強制執行の利用／200　強制執行手続きの流れ／200

内容証明郵便の活用
内容証明郵便とは／202
書式 養育費支払請求書／204　書式 養育費増額の申入書／205

調停離婚の手続き
家庭裁判所による処理／206　調停前置主義／206　家庭裁判所への離婚調停の申立て方法／207　申立て手続きと費用／207　調停が成立した後はどうなる／209　調停が不調に終わった場合／211　審判離婚になるケース／212　審判の手続きや効力／212

書式　離婚調停の申立書／214　　書式　子の氏の変更許可申立書（15歳未満）／216　　書式　親権者変更の調停申立書／218　　書式　面会交流についての調停申立書／220　　書式　養育費の調停申立書／222　　書式　年金分割の割合を定める調停申立書／224　　書式　年金分割のための情報提供請求書／226

離婚訴訟の具体的な手続き

離婚訴訟は家庭裁判所に起こす／227　　口頭弁論／228　　本人尋問のための陳述書の作成／228　　裁判離婚をしたときの離婚届／229
　書式　離婚訴訟の訴状／230

巻末資料

養育費算定表の使い方

養育費算定表とは／234　　養育費算定表を利用する上での注意点／234　　養育費算定表の使用手順／235　　子1人あたりの額の求め方／236　　養育費算定表の使用例／237
　表1　養育費　子1人表（子0〜14歳）／238
　表2　養育費　子1人表（子15〜19歳）／240
　表3　養育費　子2人表（第1子及び第2子0〜14歳）／242
　表4　養育費　子2人表（第1子15〜19歳、第2子0〜14歳）／244
　表5　養育費　子2人表（第1子及び第2子15〜19歳）／246
　表6　養育費　子3人表（第1子、第2子及び第3子0〜14歳）／248
　表7　養育費　子3人表（第1子15〜19歳、第2子及び第3子0〜14歳）／250
　表8　養育費　子3人表（第1子及び第2子15〜19歳、第3子0〜14歳）／252
　表9　養育費　子3人表（第1子、第2子及び第3子15〜19歳）／254

第1章

離婚を決意する前に

真剣に離婚を考えています。裁判所へ行って訴訟を申し立てるのが効果的でしょうか。

離婚の手続きにもステップがあります。原則としていきなり離婚訴訟を申し立てることはできません。

　離婚によって、夫の浮気や暴力、浪費癖や多額の借金、姑などとの不仲など、結婚生活によってもたらされる苦痛から解放されるのは確かです。
　しかし、離婚後、経済的に不安定な生活を余儀なくされたり、子どもと一緒に暮らせなくなるなどのデメリットが起こることもあり得ます。15ページの図を参考に、離婚の際に検討すべき事項についてシミュレーションしてみて、具体的に離婚のメリットとデメリットを冷静に比較検討することが大事です。
　また、離婚を相手がすんなりと認めるかどうかを見きわめてから、行動を始めた方がよいでしょう。離婚を拒否されて、長い期間もめたり、結局、離婚に至らなかったというケースもまれではありません。一般的に離婚を進めるためには、次のようなステップを踏みます。
① 協議離婚
　当事者同士で話し合いをして、話がまとまれば離婚することができます。9割以上がこの協議離婚によって離婚しています。
② 調停離婚
　離婚の条件などでもめて2人の間で話し合いがつかない場合は、

まず家庭裁判所で離婚の調停をしなければなりません。調停委員立会いの下、話し合いがまとまれば離婚することができます。
③　審判離婚
　合意に至らずに裁判所が離婚を認めて審判を下す場合ですが、どちらかが不服を申し立てて訴訟になるケースがほとんどです。
④　裁判離婚
　調停で話し合いがつかない、家庭裁判所の審判にも納得がいかない、ということになれば、最終的には離婚訴訟を起こして離婚の請求をすることになります。

　法律上は、「離婚原因」がなければ、原則として、離婚は認められないことを知っておかなければなりません。また、①の協議や②の調停で配偶者を説得したり、④の裁判まで行って離婚するためにも、離婚原因を明確にしておく必要があります。さらに、相手に離婚の責任があることの証拠が存在すれば、離婚を成立させやすくなりますし、離婚の条件もよりよくなります。日頃から、こまめにきちんとメモを取ったり、録音するなど、できるだけ多くの具体的な証拠を集めるようにした方がよいでしょう。

■ 離婚で決めなければならないこと

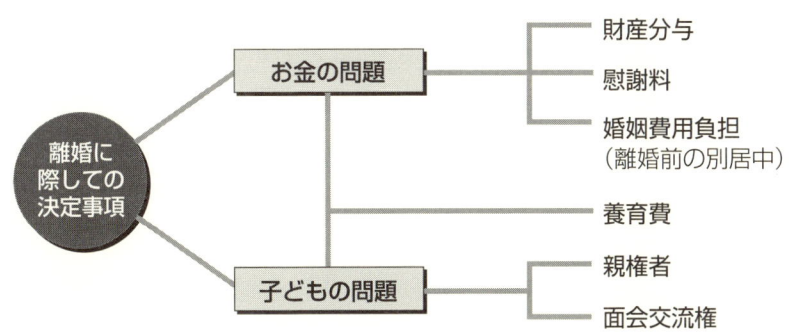

 離婚する際に必ず決めなければならない事項には、どんなものがあるのでしょうか。

 子どもの親権者や金銭面などについて話し合いなどが必要です。

　離婚は、精神的にも肉体的にも、大変な労力をしいられます。ここでは、実際に離婚に踏みきった場合に、どんな作業が待っているのかを見ていきましょう。

① 　結婚前の氏にするか、現在のままの氏にするか

　離婚して苗字を旧姓に戻すことを「復氏」といいます。離婚後も復氏せずに、現在のままの氏（結婚中の苗字）を使用することも可能です。もし、子どもがいる場合は、子どもの氏についても手続きが必要なこともあります。

② 　どちらが子どもを引き取るか

　夫婦の間に子どもがいて、その子どもが未成年である場合は、どちらが子どもを引き取るか、つまり、どちらが子どもの親権者になるかを決めなければなりません。親権者は、あくまで子どもの身の上を第一に考えて決定されるべきものですので、親の一方的な感情や都合で、親権を主張することはできません。

③ 　財産分与、慰謝料はどのようにするか

　財産分与は、たとえどのような理由で離婚するのであれ、堂々と請求できるものです。専業主婦で収入を得ていなかった場合であっても請求できます。慰謝料については客観的な基準などはなく、ケース・バイ・ケースで決められます。財産分与は離婚から

２年以内、慰謝料は３年以内に請求しなければなりません。

④　**子どもの養育費をどのように支払うか**

　子どもの養育費を月にいくら、いつ、どのような方法で払うのかなどを詳細に決めておく必要があります。支払う側の性格にもよりますが、きちんと書面で決めておいた方が、トラブルを未然に防ぐことができます。

⑤　**引き取らない方の親はどのように子どもと会うか**

　子どもを引き取らなかった方の親が、離婚後に子どもと会うことを「面会交流」といいます。通常は、引き取らなかった方の親には面会交流権があり、別れた後も子どもと会うことが認められています。これも、離婚した当事者双方の性格や、離婚にいたった事情などによりますが、基本的には、いつ、どのくらいの時間、どんな場所で会うのかなどを、取り決めておきましょう。

⑥　**相手の財産がどのような形で、いくらくらいあるのか**

　預貯金はいくらあるのか、不動産はどのくらいもっているのか、また有価証券、会員権（ゴルフやレジャークラブなど）、保険などについても、加入状況を綿密に調べておく必要があります。骨董や絵画などの美術品も、財産に含まれます。財産分与の際にこれらの財産状態を把握していることが重要になってきます。

●**公的援助も検討する**

　子どもをかかえて離婚した女性のために、児童扶養手当や母子福祉資金貸付という低利の融資制度もあります。こうした国の援助をできる限り利用すべきです。また、相手が離婚に応じず、訴訟によって離婚請求を申し立てるような場合には、法律で定められた離婚の理由（法的離婚事由）をしっかりと主張し、相手に離婚の原因を作った責任があるということを証明する証拠をそろえなければなりません。

 浮気相手と結婚するために、妻に無断で離婚届を提出したところ、受理されました。離婚は成立したのでしょうか。

 離婚届が偽造であれば罪に問われます。また、合意していない離婚は成立しません。

　提出した離婚届の妻の記名と捺印（押印）は奥さんがしたものだったのでしょうか。もしあなたの手によるものだとすれば、私文書偽造罪が成立する可能性があります。また、役所に虚偽の届出を提出したことで、公正証書原本不実記載罪（刑法157条）が成立することにもなります。

　離婚届の記名と捺印が、たとえ奥さんがしたものであっても、届出を行う時点で夫婦が合意していなければ、離婚は成立しません。ただ、市区町村役場は離婚届が夫婦の合意によって届け出たものかどうかについては調べませんので、記載内容に漏れがなければ受理し、戸籍の書き換えを行ってしまいます。この場合、戸籍上では離婚が成立したことになっているので、新しい相手との婚姻届を出しても受理されることになります。

　しかし、当然、奥さんの方は、家庭裁判所に離婚無効確認の調停を申し立てることになるでしょう。おそらく、そこであなたの離婚届の虚偽が明らかになり、調停手続きで決着がつくことになると予想されます。ひとたび離婚が無効であると確定すれば、あなたは重婚罪（刑法184条）に問われることになります。再婚を真剣に検討されているのであれば、時間はかかっても調停や裁判による離婚を検討すべきです。

 離婚を協議中です。私はもう一度やり直しても、と考えていますが、夫が勝手に離婚届を出してしまいそうで心配です。

 役所に「離婚届不受理申出」を提出しておけば、離婚届は受理されません。

　協議離婚が成立するためには、夫婦双方に離婚の意思があること、離婚届を役所に受理されること、という2つの要件がそろわなければなりません。したがって、離婚届を書いたときは離婚の意思があったとしても、役所に提出する時点でどちらか一方の気が変わっていたのであれば離婚は無効ということになります。

　まずは、早急に役所（原則として本籍地、他の役所でも効力は同じ）に「離婚届不受理申出」（186ページ）を提出して下さい。

　本籍地でない役所で「離婚届不受理申出」を提出した場合は、本籍地に届出が送られてはじめて、手続きが完了するため、タイムラグが発生します。この間に本籍地に離婚届が出されてしまった場合は、当然に受理されます。このため、「離婚届不受理申出」は本籍地の役所に提出する方が安全です。

　「離婚届不受理申出」を出しておけば相手と話し合いができない間に離婚届が提出されたとしても受理を止めることができます。不受理届の有効期間の定めはないので、一度提出すると、取り消しをしない限り有効になります。離婚を取りやめることも考えている場合は「離婚届不受理申出」を提出した上で相手との話し合いを行うのが望ましいといえます。

すぐにも離婚したいのですが、財産分与や慰謝料の交渉が長期化しそうで困っています。どうすればよいでしょうか。

早く離婚したいという気持ちをおさえて、何を重視するかをよく考えてみましょう。

　配偶者からの暴力や浮気などが原因で離婚する場合、できるだけ早く離婚を成立させて新しい人生を始めたいと考える人も多いでしょう。双方が離婚に同意しているのであれば、役所に届出をすればすぐにも離婚することができます。極端に言えば未成年の子どもの親権者だけを決めておけば、たとえ条件面で折り合いがついていなくても、離婚は成立するわけです。財産分与や慰謝料については、離婚が成立してから請求することもできます。ただ、離婚後に請求する場合、原則として慰謝料は3年、財産分与は2年という時効が設定されています。現実には先に離婚してしまうと、慰謝料や財産分与を受けとれないケースも多いようです。
　少しでも早く離れて生活したいが、財産分与や慰謝料は妥協したくないということであれば、戸籍上は夫婦の状態を続けながら別居し、条件面で折り合いがついてから正式に離婚するという方法をとるのも1つの方法です。また、財産分与だけは確実に受け取り、慰謝料はできれば受け取るというように分けて交渉するということも考えられます。
　法的な離婚を急ぐのか、少しでも確実に財産分与や慰謝料を受け取りたいのかなど、それぞれの考え方によってどのように手続きを進めていくのがよいのかを考えてみて下さい。

離婚を考えていますが、幼い子どもがおり、今は踏み切れません。何年か先に離婚するならどんな準備をしておけばよいでしょうか。

自立できる力を身に付けるための準備をすることが重要です。

　収入の糧をもたない人が離婚という選択をするにあたって重要なことは、精神的・経済的な自立をめざして行動することです。たとえば「就職先を見つける」「資格や技術を身につける」などが考えられます。その上で、財産分与や慰謝料請求、養育費の請求など離婚交渉に向けた準備をしておきましょう。

　まず、財産分与では、夫婦の間にどれだけの財産があるのかを把握することが必要です。財産としては、預貯金・不動産の他、株などの有価証券や絵画・彫刻など財産的価値のある美術品、自動車などがあります。夫婦生活の中で取得・維持してきた財産であれば、名義に関係なく財産分与の対象とすることができますので、相手に隠し財産がないかも含めて正確に調べておきましょう。

　次に慰謝料を請求する場合ですが、請求の根拠となる事実について証拠を用意する必要があります。浮気に対する慰謝料であれば写真やメール、手紙など浮気相手の存在が明確にわかるものや、ホテルの領収書、日々の帰宅時間や外泊など行動の様子がわかるメモなどです。

　養育費の請求については、現在どの程度の生活費がかかっているか、将来大学などに進学することになった場合にどの程度の学費がかかるか、ということを含めて検討する必要があります。

 離婚が成立する前に家を出ると、慰謝料を請求できなくなるのでしょうか。

 家を出る正当な理由があれば慰謝料を請求できます。

　離婚が成立する前に先に家を出ると「悪意の遺棄」を指摘されて慰謝料を相殺（互いのもつ債権を対当額の範囲で消滅させること）されることがあります。「悪意の遺棄」とは、夫婦の同居義務を果たさず、一方的に家を出る行為を指し、裁判上の離婚理由の１つに挙げられています（民法770条）。しかし、これはあくまで家を出ることに正当な理由がない場合の話で、単身赴任や病気療養、暴力などの事情がある場合には「悪意の遺棄」とはなりません。たとえば「夫が浮気をして家に帰ってこない」「浮気相手から無言電話や尾行などの嫌がらせをされている」など別居に踏み切るに足る事情がある場合には、先に家を出たからといって離婚訴訟時に不利になることはないでしょう。

　ただ、用心したいのは、配偶者側がその理由に関する証拠を隠滅する可能性があるということです。裁判所は双方の言い分や証拠を基に、公平に判断を下す場です。証拠がなければ、たとえそれが事実であってもなかなか認めてくれません。確実に自分の言い分を認めてもらうためには、「配偶者と浮気相手のメールのやりとりの形跡やホテルの領収書などを入手する」「浮気相手の嫌がらせ電話の録音をする」「尾行を受けた際に警察に相談しておく」などの証拠集めをしておいた方がよいでしょう。

 夫と離婚の話し合いをしていますが、なかなか結論が出ません。もう一緒に住んでいるのは苦痛なのですが…。

 離婚前に別居してみるのも1つの方法です。

　実際に離婚に踏みきってしまう前に、しばらく別居して様子をみるという方法をとる夫婦は数多くいます。別居によってバランスがとれ、そのまま夫婦関係を継続できたというケースもあれば、冷静に離婚するための冷却期間になったというケースもあります。別居が数年間の長期にわたる場合は別ですが、基本的には別居そのものが法的に不利になるということはありません。

　ただし、相手の意向を無視して別居を強要したり同居を拒否したりすれば、後で裁判離婚になったときに不利になることもありますので、お互いがきちんと納得の上で別居を決めるべきでしょう。

　また、専業主婦で夫に経済的に依存していた妻の場合、「夫婦間の協力扶助義務あるいは婚姻費用分担義務（夫婦生活を送る上で必要な費用の分担）」に基づいて、妻は夫に対して別居中の生活費を請求することができます。

　しかし、妻自らが不貞によって別居生活をしているような場合や、何らかの理由で妻が夫に対して離婚届をつきつけて一方的に別居を始めた場合などでは、妻が夫に対して生活費を請求することはできません。このように、請求する側に夫婦生活を破たんさせた責任がある場合は、権利の濫用として生活費の請求は認められません。

 夫と離婚を前提に別居することになりました。別居期間にはどんなことをしておくべきでしょうか。

 まずは冷静に現状を見つめ直すことが重要です。

　離婚を前提として別居するのであれば、別居期間中に相手の態度や子どもの変化を見つめて冷静に今後のことを考えるべきです。たとえば、別居に至った原因を振り返り、元の生活に戻ることができるかどうか検討する、経済的に1人で子どもを育てていくことができるのか、精神的に自立していけるのか、離婚による子どもへの影響はどの程度あるのかなど、自分自身に問うてみることはたくさんあるはずです。そして、結果的にやはり離婚する以外に方法はないとの考えに達した場合には、スムーズに離婚手続に入っていくことができるよう、別居期間中に次のようなことをしておきましょう。

① 就職・資格取得などの準備をし、経済的な自立をはかる
② 離婚後の住居を確保する
③ 子どもの転校などの準備に入る
④ 離婚時の財産分与に備え、夫婦の共有財産を確認する

　また、一人親となったときの公的援助制度を調べることや、自身が病気になったときなどに子どもを世話してもらえるところを見つける、離婚の条件を整理し、場合によっては専門家に相談するなどといったことも必要となってくるでしょう。
　いずれにしろ別居期間を有意義に使いたいものです。

 夫と別居中です。子どもが成人するまで離婚はしないことになったのですが、それまで夫に生活費を請求することはできますか。

 請求はできますが、認められない場合もあります。

　民法上夫婦には婚姻費用の分担義務があります。あなたと夫が戸籍上の夫婦である以上、夫はあなたに生活費や子どもの養育費、収入相応の交際費や医療費などを支払わなければなりません。ただ、別居の原因が、たとえば夫に何の落ち度もないのにあなたが追い出したような形だとすれば請求できない場合もあります。

　請求金額については個別に判断されます。別居や婚姻関係の破たんの原因、両者の収入、子どもの養育費用などの他、夫と暮らしている女性がいる場合、その女性の責任が小さい場合にはその人の生活費も考慮されることになります。具体的な金額を算出するためには、様々な算定方式を使って計算します。

　当事者間で解決できない場合には家庭裁判所で婚姻費用分担の調停や審判で解決する方法があります。その場合は時間がかかりますので、家庭裁判所に申し立てて、とりあえず結論が出るまで生活費を仮に支払ってもらうための手続きをとるとよいでしょう。ただし、家事事件手続法上の調停前の処分（家事事件手続法266条）には執行力がないこともあり、実務上はあまり利用されていません。一般的な民事保全手続きである仮差押を利用することはできますが、担保の用意など別途費用がかかります。適切な手続きについて弁護士に相談して対処することになるでしょう。

夫と別居して子ども3人と生活しています。夫に生活費を請求したいのですが、どの程度の金額を請求できるのでしょうか。

夫婦の収入や家族構成によって算定基準が異なります。

　たとえば、別れた妻子が実家に帰り、相手方の両親も健在で生活費もほとんどかからないという状況の場合と、独立して生活する場合では、必要になる生活費の額も変わってきます。また、夫が働いていない、夫も妻も働いており、双方が高収入を得ているなど、夫婦の収入状況によっても、必要な生活費は違うでしょう。このため、生活費については、夫婦の状況、元々の生活水準、別居の状態などの様々な要素を考慮して判断されています。裁判で争われたケースでは、以下のような基準で判断しています。

① 労研方式
　文部科学省が管轄する「労働科学研究所」が行った実体調査に基づいて算出した消費単位に従って、個々人の生活費を計算する方式です。この方式が、裁判では最も多用されています。

② 標準生計方式
　人事院・都道府県といった行政が行った実態調査に基づいて算出した「標準生計費」を基準とする方式です。

③ 生活保護基準方式
　生活保護法に基づき厚生労働大臣によって定められた生活保護基準に従って、生活費を算出する方式です。

夫と別居中です。私が病気で働けず、実家から援助を受けていましたが父が病気になり収入がありません。夫に援助してもらうことはできますか。

別居していても夫婦には相互扶助義務がありますので、援助を求めることは可能です。

特に専業主婦の場合、別居後どのように生活するのかという問題が生じます。実家の親が経済的に苦しい場合、別居中の夫に生活上の支援を求めることはできるのでしょうか。

夫婦には、相互扶助義務があり、収入や財産に応じて婚姻生活にかかる費用を分担すべきであるとされています。つまり、妻が病気で、自分の治療費や生活費を稼ぐ能力がない以上、夫はその費用を負担しなければなりません。夫婦の扶助義務は、「生活保持義務」といって、互いに同等の生活をすることができるようにする義務であるとされています。妻が生活に困っているのであれば、夫は自分の生活レベルを下げてでも妻を援助しなければならないのです。また、夫婦は同居し、協力して生活する義務があります。しかし、病気や夫の暴力など、正当な理由がある場合は、別居も認められますし、別居していても夫婦としての扶助義務もなくならないと解されています。なお、実家の親も親族ですから、お互いに扶助し合う義務があります。しかし、この場合の扶助義務は、自分達の生活に余裕があるときに扶助すればよいのであって、夫婦のように自分の生活レベルを落としてまで扶助することまでは求められていません。そのため、あなたは、実家に援助を求めていたとしても、夫に援助を求めることはできます。

 妻が一方的に実家に帰り3年過ぎました。最近親密になった女性と結婚を考えています、離婚を切り出すことは可能でしょうか。

 別居期間が長いなど、夫婦関係が破たんしていれば不貞にはならず、離婚を請求することができます。

　現在の民法の解釈では原則として有責配偶者（離婚原因を作った配偶者）からの離婚請求を認めていません。しかし、これはあくまで夫婦の婚姻関係が円満に保たれていたことを前提とした話です。婚姻関係が実質的に破たんし、ただ離婚届を提出していないだけの形式的な夫婦である場合は、実質の方が重視されます。何をもって婚姻関係が破たんしていると判断するかは状況によって異なりますが、多くの場合は別居期間（家庭内別居の場合も含む）が長い、双方に不倫相手がいる、夫婦のどちらかが一方的な暴力を振るわれているなど、夫婦関係の修復がもはや不可能と思われるような事情があるようです。たとえば、妻が一方的に実家に帰り、再三の説得にも関わらず別居を続けていたという場合、夫が妻への信頼を失うのは自然の流れだと思われます。夫婦の婚姻関係はこの時点で破たんしていたと考えられ、たとえその後に夫が他の女性に心を移したとしても不貞行為とは言えません。したがって、夫からの離婚請求は認められる可能性が高いでしょう。
　ただし、妻の別居の原因が夫にあった（夫が妻に暴力を振るっていた、夫に愛人がいたなど）という場合は、夫からの離婚請求は認められない場合もあります。

経済的な事情で妻と別居をしていました。状況が好転したので同居を持ちかけましたが、妻が同居に応じてくれません。

家庭裁判所に調停を申し立てることもできます。

民法では、「夫婦は同居し互に協力し扶助しなければならない」（752条）と定められています。どちらかが一方的に同居を拒否して家を出た場合には、それが裁判上の離婚理由として認められることもあります。

ただ、仕事の場合などで結婚後も別居せざるを得ないという夫婦もいます。合理的な理由がある場合は、家庭裁判所の調停などでも別居を勧められることがあります。その理由としては、夫婦の一方が暴力をふるう（ドメスティックバイオレンス）、借金の取立てが厳しい、病気療養などが挙げられます。しかしこれらの別居原因がなくなれば原則として同居することが求められます。

今回のように、経済的事情という別居原因が解消されたのであれば、妻には同居の義務が生じます。法的に言えば、たとえ、別居期間を1年とした約束をしていたとしても、約束は無効であり、妻は夫からの同居の請求を拒否することはできないわけです。当事者間でよく話し合って、それでも解決できない場合は、双方の親や友人に間に入ってもらい、お互いの妥協点を探って下さい。最終的には、家庭裁判所に「夫婦関係調整の調停」を申し立てることができます。調停は訴訟ほどには手続きが厳格ではないため、誰でも簡単に利用できるという利点があります。

離婚すると戸籍の扱いはどのようになるのでしょうか。

夫婦どちらの戸籍にも離婚の事実が記載されます。

　離婚した場合には、その戸籍が丸ごと除籍簿（婚姻や離婚などによって戸籍簿から除かれたものについてまとめた帳簿のこと）に移されるわけではなく筆頭者でない夫または妻の1人だけが戸籍から除籍されます。除籍された者については、婚姻前の戸籍に戻るか、自身が筆頭者となって新しい戸籍を作るという2つの道が用意されています。離婚届には「婚姻前の姓に戻る者の本籍」を記載する欄があり、その内容に沿って戸籍が復帰もしくは編製されるわけです。
　このとき、除籍される者は婚姻前の姓に戻るのが原則とされていますが、婚姻中の姓をそのまま使いたいと希望する人もいます。その場合は、離婚成立から3か月以内に「離婚の際に称していた氏を称する届」（188ページ）を提出すれば、婚姻中の姓を使うことが認められます。離婚には協議離婚、調停離婚、審判離婚、裁判離婚がありますが、戸籍の身分事項欄には、いずれによる離婚なのかが明記されます。裁判離婚の場合には判決の確定した年月日が、調停離婚では調停が成立した年月日が記載されます。
　なお、離婚の事実が戸籍に反映されるのは、離婚が成立し、届けが正式に受理された後です。離婚協議がこじれて裁判などになった場合、離婚を認める判決文が出るまで戸籍はそのままの状

態で維持されることになります。

●戸籍の記載の具体例

　たとえば田中一郎さんと鈴木花子さんが、夫の一郎さんを戸籍筆頭者として田中という氏を称する婚姻をした後、協議離婚したいとします。まず夫の欄には「○年○月○日妻花子と協議離婚届出」と記載されます。

　一方、妻の方はというと、原則として婚姻前の戸籍（鈴木）に戻るか、あるいは単独の新戸籍を作ることになります。婚姻前の戸籍に戻る場合には、妻の欄に「○県○市鈴木○○戸籍に入籍につき除籍」、単独の新戸籍の場合には「○県○市に新戸籍編成につき除籍」と記載（戸籍がコンピュータ化されていない場合はバツ印の記載）されます。そして妻が入籍した戸籍（新戸籍を作る場合も含む）には、いつ誰と離婚してその戸籍に入ってきたのかが記載されます。このように離婚後は、夫婦どちらの戸籍にも離婚したという身分事項が記載されます。

　離婚により氏（名字）を改めた配偶者は、離婚によって婚姻前の氏に復するのが原則となっています。そのため、花子さんの氏については、離婚後も花子さんが婚姻中の姓である田中を継続して使用したいのであれば、離婚成立の日から3か月以内に「離婚の際に称していた氏を称する届出」（以下、「届出」といいます）をする必要がありますが、届出を行えば、離婚後も婚姻中の氏（田中）を称することができます。届出を申請する際には、特別な理由は何ら必要なく、田中一郎さんの了解を得る必要もありません。花子さんの自由意思によって決めることができるので、具体的な手続きとしては、花子さんだけの署名押印があればよいことになります。離婚相手である一郎さんが、いくら自分の名字をそのまま使われるのは嫌だ、気に入らないといっても、これを阻止することはできません。

離婚して旧姓に戻ったのですが、私が親権を持つことになった子どもは自動的に私の戸籍に入らないのでしょうか。

戸籍を移すための手続きが必要になります。

　たとえば山田太郎さんと佐藤花子さんが結婚して花子さんが山田姓になり、子ども（まことさん）を授かった３年後に離婚した場合を例にとって見てみましょう。
　夫婦が離婚すると、婚姻のときに氏を変更した方は原則として婚姻前の姓に戻ることになっています。例でいうと、妻の花子さんが旧姓の佐藤に戻るわけです。これを復氏といいます。復氏した場合、戸籍の取扱いは、①婚姻前の籍に入る、②新戸籍を編製する、のいずれかとなりますが、原則的には①の扱いであり、婚姻前の籍がすでにない場合や復氏する人が新戸籍編製の届出をした場合に限り②の扱いとなります（戸籍法19条）。
　これはあくまで復氏する当事者だけの扱いであり、子どもについては戸籍の変動はありません。したがって、たとえ花子さんが親権者になっていたとしても、まことさんは父である山田太郎さんの戸籍に残るということになります。
　ところで、一度復氏した人でも離婚の日から３か月以内に届出（婚氏続称届）をすれば離婚前の姓を名乗ることができます。つまり、花子さんが離婚後も山田姓を名乗ることは可能ということです。この場合、表面上は花子さんとまことさんは同じ山田姓になりますが、戸籍上は婚氏続称の届けをした人を筆頭者とする新

戸籍が編製されるので、花子さんとまことさんは別の戸籍に記載されていることになります。

● **子どもの戸籍を移動させる方法**

では、花子さんがまことさんを同じ戸籍に入れる方法はあるのでしょうか。まず、花子さんが親権者になっている場合には、家庭裁判所に「子の氏の変更許可の審判」（216ページ）を申し立てることによって、まことさんの氏を花子さんの氏に変えて、花子さんの戸籍に入れることができます。親権者になれば自動的に子どもも自分の戸籍に入れられるようにも思えますが、実際にはこのような氏の変更許可の手続きをとらなければなりません。

一般に氏の変更には変更を必要とする重大な事情が必要とされていますが、子どもの氏を親と同じにするという変更については比較的容易に認められるようです。この審判を申し立てるには、親権者が離婚後の自分の戸籍謄本と、離婚した相手の戸籍謄本を添えて家庭裁判所に提出します。裁判所の許可を得た後、すぐに役所に「入籍届」をしましょう。

一方、花子さんが親権者になっていない場合には、花子さんの側からこの審判を申し立てることはできません。親権者ではないが、監護者となって子どもを自分の籍に入れたいというような場合には、親権者である太郎さんの側からこの審判申立てをしてもらうことになります。

ただし、子どもが15歳以上であれば、子ども自身が「子の氏の変更許可の審判」の申立てをすることができます。父の戸籍に入っている子どもが母親と同じ戸籍に入りたい場合には、母が親権者でなくても同じ戸籍に入る手続きをすることができます。

なお、このようにして母と同じ氏に改めた子が未成年であった場合は、成人したときから１年以内（つまり20歳である間）に市役所に届出をすれば、元の氏に戻ることができます。

5歳の子どもに夫と離婚したことをまだ伝えていません。どう説明すればよいのでしょうか。

ある程度理解ができるまで待つ方がよいでしょう。

　まず、時期ですが、早く伝えればよいというものでもありません。焦らず、子どもの年齢や性格などを見極め、ある程度理解できるまで待ってから打ち明けるようにしましょう。幼稚園から小学校低学年程度の年齢になると、「離婚」という言葉くらいは聞いたことがあるかもしれません。しかし、その意味を十分に理解するのはまだ難しいでしょう。ただ、父親が一向に帰って来ないという事実は子どもに強い不安を与えますから、ある程度説明をしておく必要があります。たとえば「仕事の都合で遠くに行っている」「用事があってしばらく帰れない」といった具合です。可能であれば定期的に面会交流の機会を設けるなどして、子どもの精神的な負担が少しでも軽くなるように配慮して下さい。

　次に、伝え方ですが、たとえ「浮気をされた」など、元夫に離婚の原因があるとしても、元夫の人物像を傷つけるような伝え方はしないように気をつけるべきです。特に元夫が子どもにとってよい父親であった場合には、子どもが傷つくだけでなく、子どもの母親に対する印象も悪くなってしまいます。

　離婚の原因はどうあれ、子どもにとって両親の離婚は精神的に大きなストレスになります。子どもに離婚の事実を伝えるときには、時期や話し方を慎重に検討するべきでしょう。

第2章

財産分与・慰謝料をめぐる問題

Question 1 財産分与と慰謝料にはどんな違いがあるのでしょうか。離婚時に決めておかなければなりませんか。

Answer 違いがありますが、いずれも離婚前に決めておく方が無難です。

　離婚に際して、決めなければならないのは、子どものいない夫婦の場合は、財産分与や慰謝料など金銭的なことがメインになると思われます。これまでに夫婦で築いてきた財産を、お互いの間で清算する必要があります。これが財産分与です。妻が専業主婦で金銭収入がなかったとしても、これまでに築かれた財産は妻の協力あっての財産とみなされ、夫婦共有の財産となります。また、妻の不貞で別れるような場合でも、基本的には離婚原因を作った妻の側（有責配偶者）からも財産分与を請求することができます。

　一方、慰謝料は財産分与とは違って、どんな夫婦の場合にも必ず請求できるわけではありません。相手側が有責配偶者である場合には、原則として慰謝料を請求できます。夫婦双方に同等の離婚原因がある場合、あるいは夫婦のどちらかに責任を負わせるような離婚原因がない場合には、慰謝料の請求は認められません。

　財産分与の時効は2年、慰謝料の時効は3年で、離婚後でも請求は可能です。ただし、離婚した後でいざ請求しようとしても、多くの場合、簡単には応じてもらえないのが現実です。また肝心の財産を処分してしまっていて、面倒なことになる可能性があります。金銭的な条件は、できるだけ早いうちに、できれば離婚する前に処理しておいた方がよいでしょう。

Question 2
平均的な会社員の専業主婦です。離婚を考えていますが、財産分与と慰謝料とで普通はどの程度になるものでしょうか。

Answer 会社員の専業主婦の場合、200万円ほどでしょう。

それぞれの夫婦が築いた財産によって財産分与額は違ってきますが、現在のところ、一般会社員の家庭では、財産分与と慰謝料をあわせ、額にして200万円程度といえるでしょう。また、通常、婚姻期間が長いほど財産も多くなりますから、分与の金額は大きくなります。熟年離婚ほど、高額を請求できるということになってくるわけです。なお、財産分与の額が夫婦共有財産の清算として相当な額であれば、贈与税が課せられることはありません。

■ 財産分与と慰謝料のまとめ

	性　質	算定の考慮要因	請求可能期間
財産分与	・清算的財産分与（婚姻中に夫婦が協力して得た財産を寄与の程度で清算） ・扶養的財産分与（離婚によって生活できなくなる者の暮らしの維持をはかる補充的なもの） ・慰謝料的財産分与	・寄与度（財産形成に対する配偶者の貢献度） ・有責性の有無 ・離婚後の扶養の必要性 ・離婚の経緯	・その他一切の事情 ・離婚時から2年 （民法768条2項）
慰謝料	・婚姻破たんによる精神的損害の賠償	・財産分与の額 ・精神的苦痛の大小 ・有責性の程度 ・当事者の経済状態 ・離婚の経緯、婚姻期間、当事者の年齢等	・離婚時から3年 （民法724条）

Question 3 離婚時に財産分与できるものを教えて下さい。まだ受け取っていませんが、夫の退職金は対象になりますか。

Answer 財産分与の清算の対象は結婚後に築いた財産です。退職金も対象になります。

　財産分与の際、清算の対象となるものは以下の通りです。
・預貯金（解約時にお金が戻ってくる生命保険を含む）
・不動産、有価証券、投資信託、会員権、価値の高い美術品や骨董品、退職金
・医師や会計士、弁護士などの資格　など

　このうち、退職金（あるいは退職年金）については、給料の後払いという性格から、財産分与の対象となりますが、退職前のケースでは退職金がいくら支給されるのかが確定していないので、財産分与の額についてはケース・バイ・ケースになります。また、「医師や会計士、弁護士などの資格」というのは、相手の収入に支えられて資格を取得したという場合に、これを共同で築いた無形の財産と評価して財産分与の対象とします。

　結婚前にすでに自分でためておいた預貯金や結婚前に実家からもらってきた財産は、原則、固有財産と認められ、財産分与の対象外になります。ただし、２人で生活していた間の生活費の不足分を、どちらか一方の（結婚前の）蓄えでまかない、片方の結婚前の預金はそのまま使わずに残しておいたという場合は、その残った預金は清算の対象になる可能性があります。相手の協力があって自分の固有財産を使わずに維持できた場合も同様です。

Question 4 離婚にあたって財産分与をしなければならないのですが、対象となる財産の範囲を教えて下さい。

Answer 結婚後共に形成した財産すべてが対象となります。

　まず、どの範囲が財産分与の対象となるのかを見ていきましょう。基本的には、結婚してから形成された財産は財産分与の対象になります。不動産、動産、有価証券、預貯金など、あらゆる財産が分与の対象となります。一方で、結婚前からそれぞれが所有していた財産は対象外です。たとえば、嫁入り道具などです。ただ、結婚後でも、各々が親などから相続した財産は対象にはなりません。また、結婚していても別居中に得た財産は、分与の対象とはなりません。たとえば結婚して10年になるが離婚前の２年間は別居していたというようなケースでは、最後の２年間にそれぞれが形成した財産は、財産分与の対象とはならないわけです。

　次に、分与の対象となる財産をどのように分与するかですが、その財産形成にそれぞれがどの程度、寄与したかによって決まります。夫だけが働いていた家庭では、夫名義の財産が多いと思われますが、形成された財産の名義人がいずれになっているかは、関係ありません。どちらがどの程度寄与（貢献）したかで決まります。専業主婦といっても家庭を支えることで、夫の財産形成に寄与していることになります。また、財産分与は、負の財産つまり債務も対象となります。自動車購入によって背負った債務は、離婚後も原則として、両者が連帯して債務を負担します。

Question 5 財産分与の対象となる財産はどのように評価すればよいのでしょうか。

Answer 専門家に鑑定を依頼するなどして評価しましょう。

　財産分与の対象となる財産の確定後、それが金銭的にいくらになるのかを計算します。現金のように、2つに分割したり、客観的に評価ができるものであれば問題ありませんが、建物のようなものであれば、財産としての価値をはっきりさせる必要があります。分与する財産をどのようにして金銭評価するかについては、特に法律上の規定があるわけではありません。客観的かつ合理的であれば、当事者の合意で自由に決められます。ただ、方法としては、概ね、次のようになります。

① 動　産

　貴金属であれば、鑑定評価してもらいます。価格の変動が大きくない場合には購入価格で計算してもよいでしょう。

② 有価証券

　株式などの有価証券で、市場で取引されているものであれば、市場の時価を基準とします。それ以外のものについては、鑑定評価を受けたり、購入時の価格を基準とします。

③ 不動産

　不動産については、不動産鑑定士が鑑定を行っています。ただ、路線価・公示価格・購入価格などを基準としてもかまいません。ローンがあれば、その分は評価額から差し引くことになります。

Question 6 専業主婦です。離婚する際に財産分与を要求することはできるでしょうか。

Answer 専業主婦でも財産分与は要求できます。

　離婚に伴って支払われる金銭を離婚給付金といいます。この給付金には、財産分与、慰謝料、そして子どもがいる場合には養育費があげられます。給付金の中でも、離婚の際にどの夫婦も話し合わなければならない財産分与は、最も重要であるといえるでしょう。

　法律上は夫婦が婚姻中に築いたお金は夫婦2人のものであると規定されます。たとえば、夫だけが働いて収入を得て、妻は専業主婦に終始して働いていないとしても、夫の稼いだ収入は2人のものとなるのです。これは、あくまで夫が収入を得られるのは、妻の協力、いわゆる「内助の功」があるからこそであるという考え方に基づくものです。つまり、たとえ直接的に収入を得ていないとしても、夫の得た収入はすべて「夫婦が共同で形成したもの」と判断されるわけです。ですから、結婚中は一切働かず、専業主婦であった女性でも、財産分与を主張することができます。離婚するときは、結婚していた間に得た夫婦共有の財産は清算しなければなりません。これが財産分与の基本的な考え方です。

　ちなみに、多くの会社員の家庭では、預貯金やマンション、車などを稼ぎ手である夫個人の名前で購入する事が多いと思いますが、これらすべてが財産分与の対象になります。

Question 7 専業主婦です。協議離婚することになりましたが、預貯金もなく分ける財産がありません。離婚後の生活が不安です。

Answer 清算できる財産がなく、一方にのみ収入があれば、他方の生活を援助する財産分与の方法があります。

　財産分与には、築いてきた財産を離婚に際して清算するという意味合いの他に、離婚によって生活が不安定になる側を扶養するという側面もあります。夫婦が生活をする上で築いてきた財産は、話し合いで分けます。これを清算的財産分与と言います。清算的財産分与を行う財産が少ないか、全くない場合に、片方にだけ収入があり、他方に収入がない場合は、一定期間生活の援助をしなければなりません。たとえば専業主婦をしていた女性が離婚するケースでは、当然のことながら生活が不安定になることは否めません。

　しかし、妻が家庭に専念していたからこそ夫は収入を得ることができたわけですから、別れた妻が離婚後に自分の力で生活できるようになるまでは、夫は妻の生活の保証をするのが公平であると考えられています。これを「扶養的財産分与」といい、通常の財産分与とは異なります。扶養的財産分与では、夫自らの固有財産や収入をさいてでも、夫は離婚した妻に財産を与えるべきであるとされています。だからといって、妻は一生涯、別れた夫に全面的に扶養されて生活できるというわけではありません。支給される期間は自立するメドが立つまでとされています。

Question 8 専業主婦ですが、お金の管理は夫がすべてやり、家の財産がどうなっているかわからないので離婚後の生活が心配です。

Answer 相手名義の財産を事前にそして具体的に調べておくことが大事です。

「夫がお金に細かい性格で、貯金や株などはの管理はすべて自分でやっていて、妻の私には毎月定額の生活費を渡すだけなので、財産がどうなっているのかさっぱりわからない。離婚した後、経済的に安心して生活できるか不安だ」というご相談ですね。

基本中の基本ですが、離婚で財産分与請求をする側は、相手が所有する財産の状況をしっかりと調べておくべきです。離婚相手の名義の預貯金（銀行・支店・口座番号・金額）、不動産であれば正確な住所、有価証券（株など）は銘柄や数、取扱い証券会社などについてチェックしておくことをおすすめします。

ただ漠然と知っているだけでは、請求できるものも請求できないまま不本意な結果に終わってしまうことにもなりかねません。「もっとあるはずでしょう」と根拠なくつめよっても、相手に否定されたり隠したりされた場合にはそれまでです。銀行などの金融機関も、たとえ元の配偶者であっても、個人の預貯金の事情をそう簡単には教えてくれません。弁護士に相談しても調査は難しい場合もあります。

結局のところ、離婚の話し合いをするまでの間に、あなたからいろいろな機会を作って、それとなくつかんでおくのが一番よい方法だといえます。

Question 9
夫のめぼしい財産は会社名義です。会社名義の財産について財産分与は受けられないのでしょうか。

Answer
会社名義の財産から財産分与を受けられる可能性があります。

　ご主人の会社経営を8年間サポートしてきたが、めぼしい財産のほとんどが会社名義となっているというケースですが、この場合、財産分与についてどのように考えればよいのでしょうか。
　まず、会社とその経営者であるご主人は、法律的には別の人格です。そのため、会社の保有する財産は、夫婦にとっても第三者名義の財産ということになります。ですから、原則として、会社の財産に対して別れる妻が財産分与を請求することはできません。
　ただ、第三者名義の財産といっても、常に、財産分与の対象とならないわけではありません。財産分与という制度は、夫婦が共同で形成した財産を公平に分配するためのものです。逆に言えば、夫婦が共同で形成した財産と評価できれば、名義に関わらず、すべて財産分与の対象となります。
　さらに、その財産の名義が第三者である会社（法人）であっても、財産分与が認められる場合があり得ます。法人という形はとっていても、それは単に税金対策や財産管理のための方便であって、株式の保有状態や経営状態から見て、経営者の個人経営である場合には、会社の財産イコール夫の財産となります。その場合には、会社財産も財産分与の対象となります。あなたのケースもこれに該当する可能性があります。

Question 10 共働きなどの場合は財産分与が2分の1になるのはわかる気がするのですが、私のような専業主婦の場合はどうなるのでしょうか。

Answer 現在では、専業主婦の場合も財産分与は2分の1が基本となっています。

　たとえば夫の月給の方が妻の月給よりも多い共働き夫婦が離婚した場合では、「すっぱり半分に分けるべき」という考え方と「財産を築くためにどの程度寄与したかに応じて分けるべき」という考え方に分かれ2分の1ずつ分配するというのが原則になっています。もちろん、夫の名義で購入した不動産も、基本的に二分することになります。

　また、夫が社長で妻が従業員であった場合は、会社の経営規模によって違ってきます。小規模な個人企業であれば、「会社の財産」も「会社名義の夫婦の財産」とみなされて清算の対象とされ、妻のとり分は、会社経営に対する貢献の度合いによって決まってきます。

　それでは、夫の収入だけで生活している専業主婦の場合はどうでしょうか。会社員の夫が安心して働き、財産を築き、維持できたのも家事や育児を担ってきた妻の協力があったからとみなされます。確かに、以前は、専業主婦に対する評価は低く、財産分与も3割程度が一般的でした。しかし、専業主婦の場合も、夫婦平等を基本として財産は半分ずつであるとする考え方が、家庭裁判所の実務においても主流になりつつあります。

Question 11
持家は夫と子どもが住むため財産分与の対象としませんでした。離婚して1年たちますが、家を財産分与することはできますか。

Answer 離婚から2年以内であれば、財産分与請求ができます。

　離婚の財産分与を請求できるのは、離婚のときから2年以内と決められています（民法768条）。この期間を過ぎた後では財産請求をすることができなくなりますから、注意が必要です。それに、2年以内に請求しないと、財産分与の請求権がなくなるばかりでなく、その財産が請求不可能な状態になってしまう可能性もあります。

　「貯金を使われてしまった」「マンションを勝手に第三者に売られてしまった」などが典型的な例ですが、離婚後2年以上たってからでは、このような問題が起きてもあきらめるしかありません。不動産は第三者に転売されてしまうと、その第三者に請求することは難しくなってしまいます。たとえ2年以内であっても、あまり時間がたってしまうと、財産分与の請求が実現できなくなるおそれもあり得ますから、お金の問題は後回しにせず、早いうちに手を打っておくべきでしょう。

　なお、離婚後に離婚した相手が稼いだ財産や、遺産相続などで得た相続財産に関しては、財産分与の対象外になります。あくまで「離婚のときまでに協力して築いた財産」が財産分与の対象です。なお、慰謝料請求権は離婚後3年で時効になります。ただし、裁判で慰謝料の支払いを命じる判決が出ていれば10年で消滅時効にかかります。

Question 12 今住んでいるマンションについて財産分与をする場合、どんな問題がありますか。

Answer 不動産の財産分与はローンの残額が多ければできない場合があります。

　不動産を分与する場合は、ローンの残額が問題になります。ローンの残額が現在の不動産の評価額を下回っている場合は、評価額からローンの残額を差し引いた金額が現在の不動産の価値になり、財産分与の対象となります。

　売却する場合はローンを返却した残金を分けることになります。また、どちらかが不動産を所有するのであれば、不動産の価値を基準に他方が分与分を金銭で受け取ることになります。ただし、不動産を所有する者に不動産以外の財産がなければ、分与の支払いは難しくなります。このような場合は分割での支払いになるのは、やむを得ないでしょうが、支払方法を定めて公正証書（191ページ）を作成しておくべきです。

　ローンが評価額を上回っている場合は、財産分与の考え方では、不動産に経済的な価値はありません。たとえ売却しても、ローンが残るからです。ローンの名義人にはローンの支払義務が残り、共同名義であれば離婚後も両者が残額を支払います。

　どちらかが不動産を所有する場合、共同名義であれば不動産を所有する者の単独名義にして下さい。共同名義のままでは、将来売却する場合や、相続の発生などで、両者の同意が必要になり、連絡が取れないとトラブルの原因となります。

Question 13 夫との離婚を考えていますが、収入や子どもの学校のこともあり、離婚後も今の家に住みたいと考えています。可能でしょうか。

Answer 持ち家か賃貸かで交渉相手が違ってきます。

　現在の住居に離婚後も住み続けることができるかどうかは、夫婦間の協議にかかっています。今の家が持ち家である場合は、財産分与の問題になります。今の家に住み続けることができるように、財産分与に際して、登記簿上の所有名義を自分に移してもらうよう、交渉しましょう。場合によっては、ローン残金をすべて負担したり、不足分を金銭で補うことになるかもしれません。財産分与の内容は、離婚の原因や子どもの養育を誰がするか、など各夫婦の事情によっても異なりますので、離婚後の生活に無理が出ないよう、慎重に話し合って下さい。

　賃貸住宅に住んでいる場合は、賃借人名義が問題になります。契約書上の賃借人以外の人が居住を続けることになる場合、貸主に通知して承諾を得ることが必要です。このとき、貸主から「前の契約を解除して新しい契約をすることになるので敷金を払って欲しい」などと要求される可能性があります。しかし、実質的な利用状況が変わらず、室内のリフォームなども必要ない場合は法的な解約理由がないので、敷金の支払義務などは発生しないと考えられます。家賃の滞納や室内の著しい破壊など、解約の正当な理由がある場合は別ですが、そのような事実がないのであれば、現契約の継続を貸主と交渉してみて下さい。

Question 14 夫の給料から少しずつ私名義のヘソクリを貯めています。離婚する場合、それも財産分与の対象となるのでしょうか。

Answer ヘソクリも夫婦の共有財産として対象となります。

　夫婦が離婚するときに、その財産を公平に分配するための制度が「財産分与」です。夫婦は経済的にも協力して生活を営んでいます。財産の形成についても協力して行っているわけですから、離婚に際しては、協力して築いた財産をすべて公平に分配することになります。財産分与の対象となるのは、夫婦が婚姻中に協力して築いたと評価できる財産です。ですから、結婚前からそれぞれが所有していた財産は対象になりません。たとえば、妻が嫁入り道具として持参したものや、夫が結婚前から所有していた自動車などは対象とはなりません。また、婚姻中でも、各々の親族から相続した財産や他人から贈与された財産のように、夫婦がそれぞれ固有に得た財産は対象外となります。

　一方、婚姻中に購入した家財道具などは、共有と推定されます。判断の基準は、実質的に見て、協力して形成した財産かどうかということです。婚姻中に購入した不動産などは夫名義にする場合が多いと思われますが、名義はあまり関係ありません。

　ヘソクリについては、ヘソクリが夫婦共同生活を維持するために夫から渡された生活費から出ていたものとすれば、共有財産ということになります。そのため、ヘソクリも財産分与の対象として夫婦で分けるということになるでしょう。

Question 15 結婚して共働きをしていましたが、離婚することにしました。財産分与の比率はどのようにすべきでしょうか。

Answer 夫婦の収入や家事の分担状況によっても異なります。

妻が働いているかどうかで財産分与の割合が変わってくることもあります。財産分与が認められるのは、夫婦が共同で形成した財産を公平に分配するためです。それぞれ、財産形成にどの程度の貢献をしていたかで、分与の比率が決定されます。貢献の程度は、働いて直接収入を得ていたかというだけで決まるわけではありませんが、一般的には、以下のように決められています。

① 一緒に家業をしていたケース

よく中小企業などでは、夫婦が二人三脚で経営をして、財産を築いていることがあります。そのようなケースでは、妻の貢献度は高く評価されて、50％の分与が認められることが多いでしょう。

② 共働きのケース

夫も妻も共に働きに出ている場合が、近年ではよく見られます。この場合には、50％の分与が推定されます。双方とも給与所得があれば、客観的な判定ができます。ただ、妻が家事一切をしていると、場合によっては妻の比率の方が高くなることもあります。

③ 専業主婦のケース

専業主婦といっても、家事労働によって夫の勤労を支えていたと評価できます。そのため、最近では50％の分与が認められるのが主流となりつつあります。

Question 16 離婚の慰謝料を請求したいのですが、その額は結婚期間によって変わってくるのでしょうか。

Answer 結婚期間も考慮した上でケース・バイ・ケースで判断することになります。

　財産分与と同様に、慰謝料の額の算定にあたっても結婚期間の長短は考慮されます。とはいえ、これはケース・バイ・ケースで、結婚間もないと慰謝料が安く、熟年離婚だと慰謝料額が大きくなるとは限りません。

　慰謝料は、離婚の直接的な原因を作った側が、精神的損害を受けた相手に対して支払う損害賠償ですが、損害を被った相手にも責めを負うべき点がある場合、過失相殺（損害の発生について被害者にも不注意があった場合に損害賠償額を減少させること）されるのが一般的です。このような場合はまず、どちらが離婚原因の根本を作ったのかを探り、これによって相手が額にしてどの程度の損害を受けたかを調べます。こうして両者の過失を比較し、損害と相殺した上で、慰謝料の額が決定されます。

　では、たとえば双方が浮気をしており、どちらが先かはっきりしないなど、離婚の原因がお互いにある場合はどうでしょうか。このような場合はお互いの請求について損害額が減額され（過失相殺といいます）、その結果、どちらにも慰謝料を請求するような損害がないとされれば、慰謝料の問題はなくなります。慰謝料は、このように精神的な損害と過失を夫婦それぞれについて認定して決めるものなのです。

Question 17 浮気を繰り返す夫に疲れ果て、娘2人を私が育てる条件で離婚したいと考えています。慰謝料はどの程度請求できるのでしょうか。

Answer 相手の責任の程度や経済力などを考慮して決めます。

　本ケースのような場合には、当然、夫に責任があり、慰謝料を請求できます。

　離婚の際に請求できる慰謝料の具体的な金額や算定方法については、法律上特に定めがあるわけではありません。離婚の調停や裁判において、具体的な慰謝料の額を決める場合であっても、様々な困難を伴うものです。そこで、実務の場では、結婚していた年数を1つの目安とした上で、離婚することになった経緯における相手方の責任の程度、相手方の生活水準、経済力などを総合的に考慮して実際の慰謝料の額を決めています。一般的には、婚姻期間が長いほど、離婚に伴う生活環境の変化による精神的な苦痛は大きいと考えられますから、慰謝料の金額も高額になります。ただ、慰謝料や財産分与の算出は当事者を取り巻く環境によって大きく左右されるものです。相手方の年収などの状況によっては、さらに金額が高くなる場合や逆に低くなる場合もあります。

　なお、夫には慰謝料とは別に子の養育費（教育費）として、月々数万円から15万円程度の支払義務が生じます。金額は夫と妻の収入状況や子どもの年齢などを考慮して決定します。裁判所が「養育費・婚姻費用算定表」（234～235ページ）という表を示しており、これを目安として金額を決定することが多いようです。

Question 18
姑の執拗な嫌がらせに疲れました。離婚したいのですが姑にも慰謝料を請求することはできますか。

Answer 請求しても認められる可能性は低いでしょう。

　ケースの事情のように、夫側の家庭や姑が夫婦関係にやかましく干渉してきたために、結婚生活が破たんすることもあります。そのような場合、離婚に際して姑に対して慰謝料請求することはできるのでしょうか。

　実際のところ、姑が夫婦関係に干渉してきたために、夫婦仲が悪くなり、離婚を決意した場合であっても、その姑の言動が著しく不当な干渉でない限り、慰謝料を請求することは難しいでしょう。

　慰謝料請求が認められる不当な干渉といえるためには、客観的に見ても限度を超えた干渉であることが必要です。姑が、主導的で積極的に介入して、夫婦関係を破壊させる方向に干渉したために、離婚するのが避けられない状況にあった場合には、例外的に慰謝料請求が認められる場合もあります。

　夫に対する慰謝料請求が基本で、姑に対する請求は、あくまで例外的である点は理解すべきです。姑に対する慰謝料請求は、夫への請求よりも困難であると認識しておいて下さい。

　姑との関係が離婚の原因の一部になったとしても、問題なのは姑よりも母（または両親）と妻の関係を全く理解できない夫の方だという場合もあります。したがって、離婚することになった場合、夫に対しては慰謝料を請求することは可能でしょう。

第2章 ● 財産分与・慰謝料をめぐる問題

Question 19 夫と「性格の不一致」を理由に離婚することになりました。慰謝料を請求することはできますか。

Answer 単に「性格の不一致」というだけでは慰謝料は発生しません。

　離婚で手にする財産としては、財産分与の他に、慰謝料があります。財産分与は、夫婦で築いた財産に対する貢献度によって分配されるので、離婚の原因を作った方が責任を問われてとり分を減額されるようなことはありません。

　これに対し、慰謝料は、相手から受けた精神的苦痛に対して支払われるお金です。一般的には、浮気や不倫などの不貞、それに暴行や虐待などが、慰謝料請求の対象となることが多いといえます。

　離婚原因としてよく聞かれる「性格の不一致」のようなあいまいな理由では、慰謝料が発生することはまずないといえます。

　また、「慰謝料は財産分与の範囲に含まれる」という場合と、「慰謝料と財産分与は別々に請求されるべき」という場合があります。裁判（訴訟）で財産分与が決定した後で慰謝料の請求をすることも可能ですが、現実には、慰謝料は夫婦の共有財産の中から支払われるので、財産分与と慰謝料の両方を兼ねる場合が多いようです。しかし、財産分与と慰謝料とは法律上は一応別のものとして規定されていますから、両者をきちんと区別してしっかり確認するように注意しましょう。調停調書などに「今後名目の如何を問わず、財産上の請求を一切しない」という一筆を書き入れる際は特に要注意です。面倒がって簡単にサインをしてしまった

ために、受けとれるべきものも受けとれなくなるおそれがあります。なお、慰謝料は民法上の不法行為に対して認められるもので、離婚後3年以内に請求しなければなりません（民法724条）。

●慰謝料の相場は意外に低い

慰謝料の金額は財産分与とあわせても200万円から600万円程度のケースが多いといえるでしょう。

しかし、慰謝料は精神的な苦痛に対して支払われるものですから、はっきりとした基準や相場があるわけではなく、全くケース・バイ・ケースで決まるものなのです。

たとえば、お金持ちの夫がどうしても離婚したければ、多少金額が高くても妻の提示するお金を支払うでしょうし、逆に妻の方が「とにかく離婚したい」と思っていれば慰謝料の額にはそれほどこだわらないでしょう。しかし、通常は、芸能人のように何千万円もの多額の慰謝料を請求できるということはありません。「財産分与だけでなく慰謝料もあるのだから、けっこうな額になる」と考えるのは残念ながら甘いといえます。

■ 慰謝料はどうやって決定するか

明確な基準があるわけではない
↓
・離婚原因はどんなことか
・有責性の程度（一方的なものか双方の責任か）
・資力や婚姻期間など
↓ 総合考慮して判断
慰謝料額の決定

第2章 ● 財産分与・慰謝料をめぐる問題　55

Question 20 離婚の原因を作った夫の浮気相手に慰謝料を支払わせたいと考えています。請求は可能でしょうか。

Answer 浮気相手の不法行為が認められれば可能です。

　民法によると、夫婦は同居し、お互いに協力、扶助する義務を負うものとされています。この定めには、お互いの貞操義務も含まれていて、これに反する行為を「不貞行為」と呼んでいます。通常、肉体関係を伴わない関係は不貞行為とはみなされません。不貞行為が原因で夫婦関係が破たんすれば、離婚事由となりますから、浮気した夫の責任を追及できます。夫の浮気相手については、相手に配偶者がいることを知りながら（故意）、または知ることができたにも関わらず（過失）、肉体関係を持った場合、不法行為が成立し、妻に対して不法行為を行ったことになり、損害賠償責任を負うことになります。この損害賠償責任は、後に離婚をするかどうかに関係なく生じます。あなたが、夫の浮気相手に対して別れるように頼んでも聞き入れてもらえない場合や、逆に相手から夫と別れるように要求されたりして、精神的苦痛を受けた場合も、あなたは相手の女性に対して慰謝料を請求することができます。ただ、夫が浮気相手に対して配偶者はいないと嘘をついて信じ込ませた場合や、夫が浮気相手に対して妻子のいることを隠していた場合など、不貞行為の様態によっては、浮気相手に責任が生じない場合もあります。そのような場合には浮気相手の女性から確実に慰謝料をとることができるとは限りません。

Question 21 夫の不倫が原因で離婚することになりました。慰謝料はどの程度受け取ることができるのでしょうか。

Answer 婚姻期間や相手の経済状況、離婚理由などによって異なります。

　たとえば夫に明らかな非があって離婚する場合、精神的・経済的など何らかの損害を受けた妻は、夫に対し慰謝料を請求することができます。慰謝料額について法律上に明確な基準はありません。請求するだけであれば、どんなに高額であってもかまわないわけです。ただ、妻が一方的に慰謝料の金額を決めて請求すれば、それを全額受け取れるのかというと、そうではありません。まずは双方で話し合うことになります。ここで夫が「妻が請求した金額を受け入れる」と言えば、慰謝料は妻が請求した金額に決定します。この場合、約束した内容について公正証書を作成しておくと、後になって夫が「そんな約束はしていない」と言い出したり、分割での支払いが滞ったりする事態に対処しやすくなります。

　一方、夫が妻の請求した金額について異議を唱え、話し合いが決裂した場合は、調停や訴訟に持ち込むことになります。裁判所は、たとえ離婚の原因が夫にあったとしても、一方的に妻の言い分を認めるような判断はしません。慰謝料の額についても、婚姻期間や夫の経済状況、離婚の原因となった行為に対する責任の重さなどを考慮し、世間一般の相場を逸脱しない程度の金額を提示します。判例では、不倫が原因で離婚する場合の慰謝料は概ね200〜300万円とされているようです。

Question 22 夫の浮気が原因で離婚しました。一番の被害者は子どもです。子どもが夫の浮気相手に慰謝料を請求することはできますか。

Answer 原則として子どもからの慰謝料請求はできません。

　妻が、妻自身の慰謝料請求だけでなく、離婚により子どもから父親が奪われたことについて、子の代理人として子の慰謝料請求権を行使することは可能でしょうか。
　結論から言うと、浮気相手に対する妻の慰謝料請求は認められますが、原則として子どもからの請求は認められません。妻については、浮気相手の介入によって夫婦関係が壊れ、離婚という直接の影響を受けたことになりますから慰謝料を請求することができます。一方、子どもの方も浮気相手がいなければ平穏な家庭生活を送ることができたはずであり、両親の離婚によって大きな精神的苦痛を与えられたと考えられます。しかし、浮気相手がいたとしても父と子の縁が断たれるわけではなく、父親の心がけしだいで子どもたちは父親の愛情を受けることができるはずです。したがって、この場合責任を負うべきは父親であり、特別な理由がない限り、子どもは浮気相手に慰謝料を請求できない、とするのが裁判所の基本姿勢となっています。ただし、父親が子どもに会ったり、経済的な援助をしようとしているにも関わらず、浮気相手が「前の家族のことはもう忘れて」などと言って、積極的に子どもに対する責任を果たさせないようにさせた場合は、子どもの慰謝料請求が認められる可能性があります。

Question 23 財産分与・慰謝料の分割払いを求められています。一般的にはどのように支払いが行われているのでしょうか。

Answer できるだけ早い段階で支払ってもらいましょう。

　財産分与や慰謝料などの支払いは、分割にせずできるだけ一括ですませる方が無難です。やむなく分割にする場合でも、最初に支払う頭金を多くするなどの工夫を心がけるようにしましょう。その夫婦の別れ方、あるいは支払う側の経済力や性格によっても事情は違いますが、離婚して別々に生活し始めれば、たとえ法律的に義務付けられたことでもおざなりになりがちです。遠方に引っ越してお互いの距離が物理的に離れたり、再婚したりすればなおさら、支払いが滞るようなことにもなりかねません。

　協議の結果、分割払いに決まったときには、支払時期、金額、方法など、取り決めたことを必ず強制執行受諾文言入りの公正証書として書面で残すようにしましょう。このようにしておけば、万一相手が取り決めを守らないようなトラブルが生じても、公正証書に基づいて相手の財産を差し押さえるなどの強制執行が可能です。証書には「分割金を1回でも支払わなかった場合は、残金を一括して支払う」のような一文を必ず記載すべきです。

　このように、金銭的に決まったことや金銭面に関することについては、公正証書を作成するのが鉄則です。もし公正証書にしなかった場合で後日、財産分与や慰謝料をめぐりトラブルが発生したときには、相手方に内容証明郵便を送付する方法もあります。

Question 24 離婚時の財産分与で財産を受け取ると課税されるというのは本当でしょうか。また、慰謝料などを受け取った場合、贈与税がかかるのでしょうか。

Answer 原則として財産分与や慰謝料には贈与税はかかりません。

　財産分与では、おもに財産をもらう側が税金を支払うものだと勘違いしている人がいます。おそらく、贈与・相続の場合に、財産をもらう側に課税されるため、財産分与でも、もらう側に税金が課されると誤解してしまうのだと思います。しかし、財産分与では、財産をもらう側は、過大に多い金額や、節税目的でなければ、税金（贈与税）を支払う必要はありません。

　一方、財産を渡す側については、おもに不動産を譲渡するときに、譲渡所得税という税金を課される場合があります。

　たとえば、長年家族で暮らしていた自宅を、妻に財産分与し、夫は家を出ていくというケースで、自宅を譲渡した夫に譲渡所得税が課される場合があります。譲渡所得税の計算にあたっては、夫が自宅を元妻に渡したときの時価を、譲渡所得とする決まりになっています。

　しかし、居住用不動産の譲渡の場合は、3000万円までの利益については控除の対象になります。つまり、財産分与の対象となる不動産の時価が3000万円以下であれば、税金を支払う必要がないということです。

　ただし、この特例は、親子や夫婦といった間柄では適用されません。したがって、特例による控除を受けたい場合は、離婚に

よって夫婦関係を解消した後に財産分与を行う必要があります。

また、不動産の時価が3000万円を超える場合、特例で3000万円を特別控除した上で、居住用不動産の軽減税率適用の特例を受けることができます。軽減税率適用の特例は、不動産の所有期間が10年を超えていることが条件になります。

なお、慰謝料は、損害賠償金又はそれに類するもので心身に加えられた損害などに起因して取得されるものとして、相手方から損害賠償として支払われるものであって、贈与を受けたものではありませんので、原則として贈与税はかかりません。

ただし、財産分与や慰謝料が以下に当てはまる場合は課税されますから注意して下さい。

① 分与された財産の額が婚姻中の夫婦の協力によって得た財産の価額やその他すべての事情を考慮してもなお多すぎる場合には、その多すぎる部分に贈与税がかかることになります。

② 離婚が贈与税や相続税免れのために行われたと認められる場合には、離婚によって得た財産すべてに贈与税がかかります。

■ 財産分与・慰謝料と税金

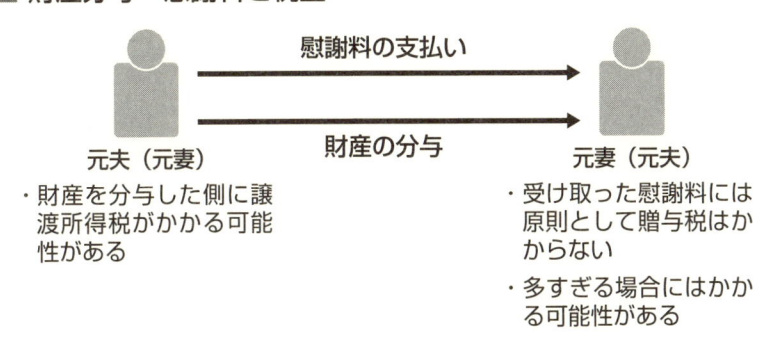

元夫（元妻） → 慰謝料の支払い → 元妻（元夫）
元夫（元妻） → 財産の分与 → 元妻（元夫）

・財産を分与した側に譲渡所得税がかかる可能性がある

・受け取った慰謝料には原則として贈与税はかからない
・多すぎる場合にはかかる可能性がある

Question 25 長年内縁関係にあった夫が別の女性と同棲するようになりました。別れた場合、財産分与や慰謝料の請求はできるでしょうか。

Answer 内縁関係であっても法律上の夫婦に近い保護がなされるので、財産分与や慰謝料の請求はできます。

･･･

　生活を共にし、外見的には夫婦のように暮らしていても、結婚するという意思がない場合は「同棲」です。また、夫婦同然に生活して結婚の意思もあるものの、婚姻届は出していないという場合は「内縁」となります。たとえば、すでに誰かと婚姻届を出している状態だが、別の誰かと結婚するつもりで同棲しているというケースも内縁関係にあたります。これを重婚的内縁関係といいます。

　内縁の場合、相続権がないなど原則として婚姻としての法律の保護を受けることはできないのですが、内縁関係を解消するときには財産分与や慰謝料を請求することが可能です。

　婚姻関係の場合と全く同じというわけではありませんが、準婚関係といって、内縁関係でも結婚に準じた扱いがなされ、婚姻に関する民法の規定が類推適用されます。内縁関係だからといって家にお金を入れなかったりすれば、協力扶助義務違反となるのです。もちろん、貞操の義務もあるわけですから、身勝手な不貞をはたらけば、通常の婚姻と同様、慰謝料を請求されることになります。しかし、「結婚する意思」や「夫婦同然の生活」は、はっきりした線引きが難しいところで、場合によっては、内縁の関係

は、同棲や単なる共同生活とも解釈されてしまいます。内縁の場合は、通常の夫婦の離婚のようにはいかないのが現実です。

●調停では財産分与や慰謝料の額を決めてもらえる

たとえば離婚調停（内縁関係調整）では、両者が調停でうまく合意し、調停が成立すれば、裁判所側が調停調書を作成します。基本的には、裁判所（調停委員）側が財産分与や慰謝料について一方的に決めてしまうことはありませんが、当事者双方が同意すれば、調停で慰謝料や財産分与を決めてもらうこともできます。

もし、合意に至らずに、調停が不成立となった場合は、家庭裁判所の職権によって審判に付されることもあります。そしてこの審判において、財産分与、慰謝料について決めることもあります。その後2週間以内に当事者が異議申立てをしないと、審判の内容が確定してしまいますが、異議申立てがあった場合は、その審判は効力を失い、さらに解決を求めて訴訟を提起することになります。

●財産分与・慰謝料の変更は認められるのか

離婚（内縁関係解消）後に、離婚時と状況が変わったからといって財産分与や慰謝料について変更を認めてもらうのは難しいでしょう。ただし、相手が不倫をしていたことを隠していたり、無理やり念書を書かされたという場合には、一定期間内であれば慰謝料請求や財産分与のやり直しが認められる可能性があります。

■ 慰謝料と財産分与の違い

- 財産分与
  - 夫婦財産の清算
  - 離婚後の生活のための一定額の支払い
- 慰謝料
  - 離婚すれば必ず慰謝料の問題が出てくるわけではない

Question 26 離婚の際、夫から家を譲り受けましたが、先日「夫婦間の贈与だから取り消す」と言われました。家を返さなければなりませんか。

Answer 財産分与と贈与は違います。

　民法では離婚時の財産分与請求権を認めています。通常は夫婦で結婚期間中に協力して築き上げた財産を均等に分割します。ただ、「夫が愛人を作り、長い間その愛人宅で暮していて帰って来ない」など、一方に離婚のおもな原因があるような場合には、財産分与に慰謝料を上乗せするような形をとることがあります。たとえば夫に原因がある場合、妻が不動産など大きな財産を譲り受けることで離婚協議に合意するわけです。今回のケースでも、妻が家を譲り受けたのは離婚とは不可分のものであり、離婚の際の財産分与に該当するものと考えられます。つまり、取消が可能な夫婦間の通常の贈与とは性質が異なるということです。したがって、譲り受けた家を前夫に返還する必要はありません。

　ところで、前夫の言う通り、民法は夫婦間の贈与は取り消すことができると規定しています（民法754条）。しかし、この規定は円満な夫婦には適用されるものの、すでに夫婦関係が実質的に破たんしているような夫婦には適用されないと解されています。たとえば、離婚当時、夫はすでに愛人宅で暮らしていたというような場合には、夫婦関係が実質的に破たんしていたと考えられ、たとえ自宅の贈与が離婚成立前であったとしても、民法の取消規定は適用されず、譲り受けた家を返す必要はありません。

第3章

年金・ローン・退職金をめぐる知識

Question 1 離婚後の生活費は年金に頼ることになりますが、年金について全く知りません。どんな種類があるのでしょうか。

Answer 年金は3階建ての構造で、国民年金、厚生年金、共済年金の3種類に分かれます。

　離婚後の生活費に充てるとしても、まず、年金の種類を理解しておくのが重要です。年金制度は誰が管理・運営するかによって、①公的年金、②企業年金、③個人年金の３つに分けることができます。この３つの年金のうち、公的年金は、老齢、障害、死亡といった事由に対して給付を行っています。国が管理・運営する年金のことを公的年金といいます。

● 年金制度のしくみ

　公的年金には、①国民年金、②厚生年金保険、③共済年金の３つの制度があり、20歳以上のすべての国民がどれかに加入しています。国民年金は、原則としてすべての20歳以上60歳未満の国民が加入する基礎年金として位置付けられています。つまり、厚生年金保険や共済組合の加入者も、厚生年金保険や共済組合への加入と同時に、国民年金に加入しているのです。その保険料は、厚生年金保険の保険料として集めた財源の中から、国民年金にまとめて拠出金が支払われています。共済組合の場合も同様です。

　公的年金制度は、保険料で現在の年金給付をまかなう「世代間扶養」というしくみになっています。また、物価が変動しても年金の実質価値を維持するための「物価スライド」や、給付水準を自動的に調整する「マクロ経済スライド」という制度を導入して

います。さらに、5年ごとに年金財政の検証が行われています。

年金制度は3段階の構造です。まず、土台として基礎年金（国民年金）があります。これに上乗せする形で厚生年金や共済年金があり、さらにその上に厚生年金基金などがあります。厚生年金には厚生年金に加入している会社の会社員、共済年金には公務員などが加入します。また、国民年金加入者は、任意で国民年金基金に加入することができます。国民年金だけに加入している人を第1号被保険者、厚生年金・共済年金の加入者を第2号被保険者、第2号被保険者に扶養されている配偶者を第3号被保険者といいます。第3号被保険者は保険料の負担なしに最低限の年金保障を受けることができるもので、おもに会社員・公務員世帯の専業主婦（または主夫）が対象となります。共済年金と厚生年金は別の制度ですが、給付の内容については共通する部分も多く見られます。

■ 3階建ての年金の構造

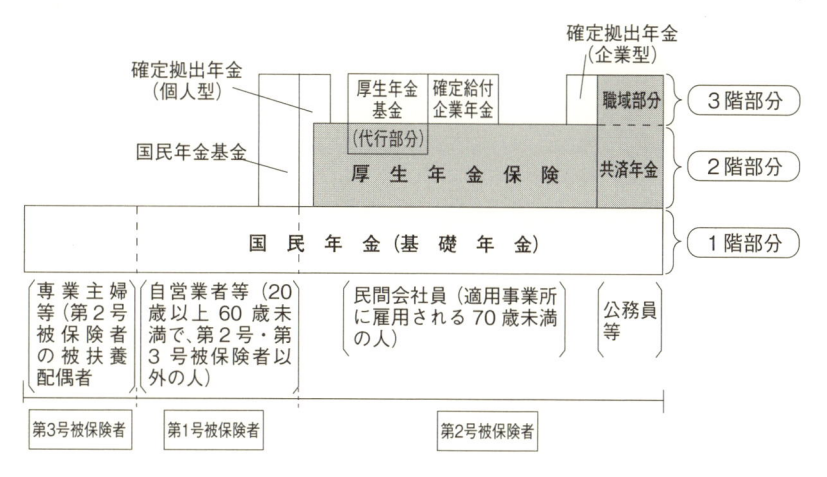

	確定拠出年金（個人型）	厚生年金基金	確定給付企業年金	確定拠出年金（企業型）	職域部分	3階部分
国民年金基金		（代行部分）厚 生 年 金 保 険			共済年金	2階部分
国 民 年 金 （基 礎 年 金）						1階部分
専業主婦等（第2号被保険者の被扶養配偶者）	自営業者等（20歳以上60歳未満で、第2号・第3号被保険者以外の人）	民間会社員（適用事業所に雇用される70歳未満の人）			公務員等	
第3号被保険者	第1号被保険者	第2号被保険者				

第3章 ● 年金・ローン・退職金をめぐる知識　67

Question 2 専業主婦で年金を納めた経験がありません。それでも受給できる年金があると聞きましたが、離婚しても支給されますか。

Answer 配偶者が会社員で25年以上の加入期間があれば、年金の基礎である老齢基礎年金は、会社員の妻にも支給されます。

国民年金は加入条件を満たしていれば、死ぬまでもらえる終身年金です。離婚したとしても支給されます。国民年金から支給される年金は、老齢基礎年金と呼び、老齢給付の土台となる年金です。

① 受給額

老齢基礎年金の年金額は、「何か月保険料を払ったか」で決まります。20歳から60歳までの40年間のすべての月の保険料を払った場合が満額で、1年につき満額で年77万2800円を受給できます（平成26年4月分からの金額）。がもらえます。なお、実際の支給額は69ページの計算式によって求めます。

② 支給時期

老齢基礎年金は、本来65歳から支給されるものです。しかし、希望することで支給時期を60歳〜64歳までの間で早めにしたり、66歳〜70歳の間で遅くしたりすることができます。受給開始を早めると減額されて支給されます。逆に、遅くすると増額されて支給されます。減額や増額は終身続きます。支給時期を早くすることを繰上げ支給、反対に遅くすることを繰下げ支給といいます。いったん繰上げ受給を選ぶと、同じ減額率の年金が一生涯ずっと続きます。後で取り消すことはできません。その他にも、寡婦年

金（国民年金からの給付の1つで夫が死亡した場合の妻に支給される年金のこと）がもらえないといったデメリットがありますので、慎重に検討する必要があります。

●加入期間は25年以上必要

老後に年金を受給するためには年金制度の加入期間が最低でも25年以上なければなりません。ただし、老齢給付の「25年」という期間はあくまでも原則で、年金制度の変遷により損をする人がでないようにするために、生年月日ごとにいくつもの経過措置（制度の導入・改正により不利になる人が出ないようにするための特別の措置）が用意されています。加入期間には国民年金、厚生年金保険、共済組合の公的年金で保険料を納めた期間（保険料納付済期間といいます）がすべて含まれます。会社員の妻（配偶者）は自分では納めていませんが、納めたものとして扱われます。

ただし、最低でも25年納めないと1円ももらえないというのは諸外国と比較しても酷であることから、法改正が行われ、平成27年10月以降は受給資格期間が10年に短縮される予定です。

■ 老齢基礎年金の計算方法

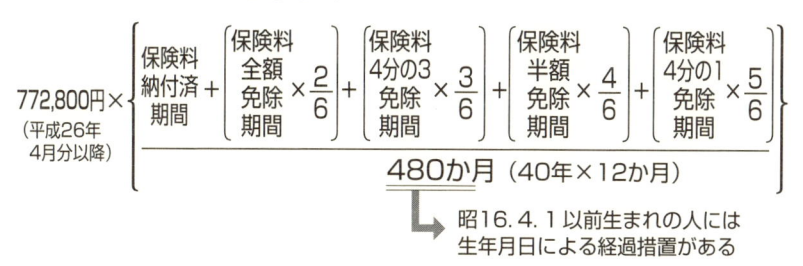

$$772{,}800円 \times \frac{\left\{保険料納付済期間 + 保険料全額免除期間 \times \frac{2}{6} + 保険料4分の3免除期間 \times \frac{3}{6} + 保険料半額免除期間 \times \frac{4}{6} + 保険料4分の1免除期間 \times \frac{5}{6}\right\}}{480か月（40年 \times 12か月）}$$

（平成26年4月分以降）

→ 昭16.4.1以前生まれの人には生年月日による経過措置がある

※1）学生特例納付は免除期間に含まれない
※2）国庫負担割合の引き上げにより、平成21年4月以後に免除を受けた期間については、計算式に使用する数字を、全額免除期間：$\frac{4}{8}$、4分の3免除期間：$\frac{5}{8}$、半額免除期間：$\frac{6}{8}$、4分の1免除期間：$\frac{7}{8}$、に変えて計算する

Question 3 結婚するまで会社勤めをしていました。離婚した場合、厚生年金はどうなるのでしょうか。

Answer １か月以上厚生年金に加入していれば、老齢厚生年金を受給できます。

　会社勤めをしていたのであれば、厚生年金の受給資格があります。
　この場合、老後は老齢基礎年金に加えて老齢厚生年金を受給することができます。正社員だけでなく、正社員の通常勤務に比べて４分の３以上の労働時間及び勤務日数で働くパートやアルバイトも厚生年金の被保険者となります。ただし、厚生年金法などの改正により平成28年10月以降は、この「４分の３」の基準がａ週20時間以上、ｂ月額賃金８万8000円以上（年収106万円以上）、ｃ勤務期間１年以上を満たす労働者に緩和されます。
　厚生年金の保険料は、給与や賞与を一定の標準報酬ごとに区分けして、国が定めた保険料率を掛けて算出します。

●65歳を境に２つに分かれる
　老齢厚生年金は、60歳から受給できる60歳台前半の老齢厚生年金（特別支給の老齢厚生年金といいます）と65歳から受給する本来の老齢厚生年金の２つに分けて考える必要があります。
　60歳台前半の老齢厚生年金は、「定額部分」と「報酬比例部分」とに分かれています。定額部分は老齢基礎年金、報酬比例部分は老齢厚生年金に当たります。65歳になると、定額部分は老齢基礎年金、報酬比例部分は老齢厚生年金に変わります。
　なお、71ページ図の経過的加算とは、計算方法の違いにより65

歳以降に年金の手取り額が減少してしまう事態を防ぐため、老齢基礎年金に経過的加算分の年金を加えて支給する制度のことです。

・受給要件

　老齢基礎年金の受給資格期間（25年間）を満たした人で、厚生年金の加入期間が1か月以上ある人は1階部分の老齢基礎年金とあわせて、本来の老齢厚生年金をもらうことができます。一方、60歳台前半の老齢厚生年金を受給するためには厚生年金の加入期間が1年以上あることが必要です。

・支給額

　65歳から受給する本来の老齢厚生年金の支給額は老齢基礎年金と異なり納めた保険料の額で決まります。つまり、現役時代に給料が高かった人ほど老齢厚生年金の金額も増えるしくみになっています。一方、60歳台前半でもらう老齢厚生年金については、定額部分については、納付月数に応じて、報酬比例部分については、現役時代の報酬を基に支給額が決められることになります。

■ 老齢厚生年金のしくみ

60歳～65歳	65歳～
報酬比例部分	老齢厚生年金
定額部分	経過的加算／老齢基礎年金

60歳台前半の老齢厚生年金

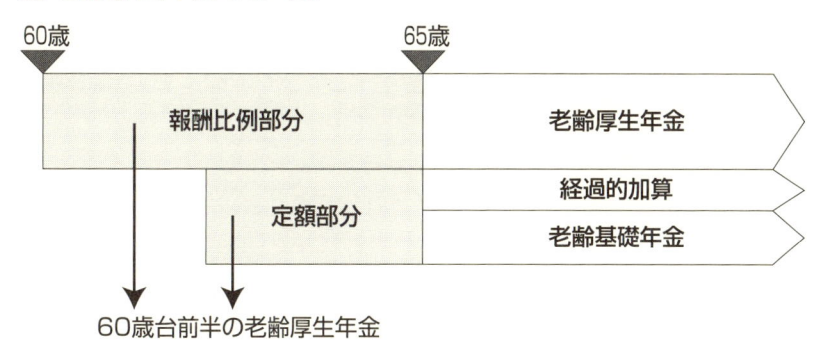

Question 4 女性は男性より、年金を早く受け取れると聞きましたが、厚生年金の支給時期はどのように判断するのでしょうか。

Answer 原則65歳からですが、移行期間があり、女性は5年遅れのスケジュールのため、早く受け取ることができる可能性があります。

　離婚を考える際に、年金をいつから受給できるか知っておくことは、生活設計のために重要なポイントです。もともと厚生年金保険は60歳（女性は55歳）から支給されていましたが、昭和61年の改正で、すべての年金の支給開始年齢を国民年金の支給開始年齢である65歳に合わせることにしました。ただ、いきなり65歳にしてしまうのではなく、生年月日によって若くなるほど段階的に年金の支給開始を遅くしていき、最終的には平成37年（女性は平成42年）に厚生年金保険、国民年金共に65歳からの支給となる予定です。なお、女性は男性より5年遅れのスケジュールとなっています。これは、以前女性の年金が男性より5年早い55歳から支給され始めていたことに配慮したものです。

　男性の場合、昭和36年4月2日以降生まれ、女性の場合、昭和41年4月2日以降生まれの人は60歳台前半の老齢厚生年金を受け取ることができなくなります。そのため、これらの人は65歳からの老齢厚生年金を繰り上げて受給することが可能です。

　また、平成19年4月からは65歳からの老齢厚生年金についても支給時期の繰下げが可能になったため、この制度を利用して支給時期を遅らせることもできます。

■ 年金の支給開始時期

定額部分の支給開始時期引き上げスタート

男性	女性	60歳～65歳
昭和16.4.1以前生まれ	昭和21.4.1以前生まれ	60歳～:報酬比例部分／定額部分　65歳～:老齢厚生年金／老齢基礎年金
昭和16.4.2～昭和18.4.1生まれ	昭和21.4.2～昭和23.4.1生まれ	60歳～:報酬比例部分、61歳～:定額部分　65歳～:老齢厚生年金／老齢基礎年金
昭和18.4.2～昭和20.4.1生まれ	昭和23.4.2～昭和25.4.1生まれ	60歳～:報酬比例部分、62歳～:定額部分　65歳～:老齢厚生年金／老齢基礎年金
昭和20.4.2～昭和22.4.1生まれ	昭和25.4.2～昭和27.4.1生まれ	60歳～:報酬比例部分、63歳～:定額部分　65歳～:老齢厚生年金／老齢基礎年金
昭和22.4.2～昭和24.4.1生まれ	昭和27.4.2～昭和29.4.1生まれ	60歳～:報酬比例部分、64歳～:定額部分　65歳～:老齢厚生年金／老齢基礎年金
昭和24.4.2～昭和28.4.1生まれ	昭和29.4.2～昭和33.4.1生まれ	60歳～:報酬比例部分　65歳～:老齢厚生年金／老齢基礎年金

報酬比例部分の支給開始時期引き上げスタート

男性	女性	年齢
昭和28.4.2～昭和30.4.1生まれ	昭和33.4.2～昭和35.4.1生まれ	61歳～:報酬比例部分　65歳～:老齢厚生年金／老齢基礎年金
昭和30.4.2～昭和32.4.1生まれ	昭和35.4.2～昭和37.4.1生まれ	62歳～:報酬比例部分　65歳～:老齢厚生年金／老齢基礎年金
昭和32.4.2～昭和34.4.1生まれ	昭和37.4.2～昭和39.4.1生まれ	63歳～:報酬比例部分　65歳～:老齢厚生年金／老齢基礎年金
昭和34.4.2～昭和36.4.1生まれ	昭和39.4.2～昭和41.4.1生まれ	64歳～:報酬比例部分　65歳～:老齢厚生年金／老齢基礎年金
昭和36.4.2以降生まれ	昭和41.4.2以降生まれ	65歳～:老齢厚生年金／老齢基礎年金

第3章 ● 年金・ローン・退職金をめぐる知識

Question 5 現在62歳の専業主婦です。夫との離婚を考えていますが、65歳になるまで待つようにアドバイスされました。なぜでしょうか。

Answer 振替加算を受け取ることができるようになります。

　離婚した後に問題になるのは、年金受給者となったときの女性の受給額の低さです。

　妻が第2号被保険者であれば自分の老齢基礎年金、老齢厚生年金を受け取ることができますが、第1号・第3号被保険者の場合は老齢基礎年金しか受け取れません。夫が第2号被保険者であっても、老齢厚生年金はあくまで夫名義の年金ですから妻は受け取れないのです。

　夫の厚生年金から妻が年金を受け取ることができる手段として、振替加算があります。振替加算については加給年金との関わりで知ることが大切です。

　生計維持者であり20年以上厚生年金に加入している夫に扶養する妻がいる場合、老齢厚生年金には加給年金という手当がつきます。加給年金とは、厚生年金の受給者に配偶者（内縁関係にある者も含む）や18歳未満の子などがいるときに支給されるもので、俗に「年金の家族手当」と言われることもあります。

　この加給年金は、その後妻が65歳になって以降は妻の老齢基礎年金に加算されるような形で、形を変えて支払われます（75ページ図参照）。これを振替加算と呼びます。一度加給年金が振替加算となって妻名義になると、その後夫婦が離婚したとしてもその

加算分は生涯妻が受け取ることができます。振替加算となる前に離婚してしまうと、加給年金の支給は停止され、妻はその分を受け取ることができません。よく「離婚は65歳まで待て」などと言われるのはこのためです。

ただ、実際のところ、65歳を過ぎてから離婚し、振替加算分を受け取ることができるようになったとしても、年金の受給総額は妻の老後の生活を支えるほどの額にはなりません。そのため、離婚にあたっては年金分割（76ページ）の制度を利用するのがよいでしょう。

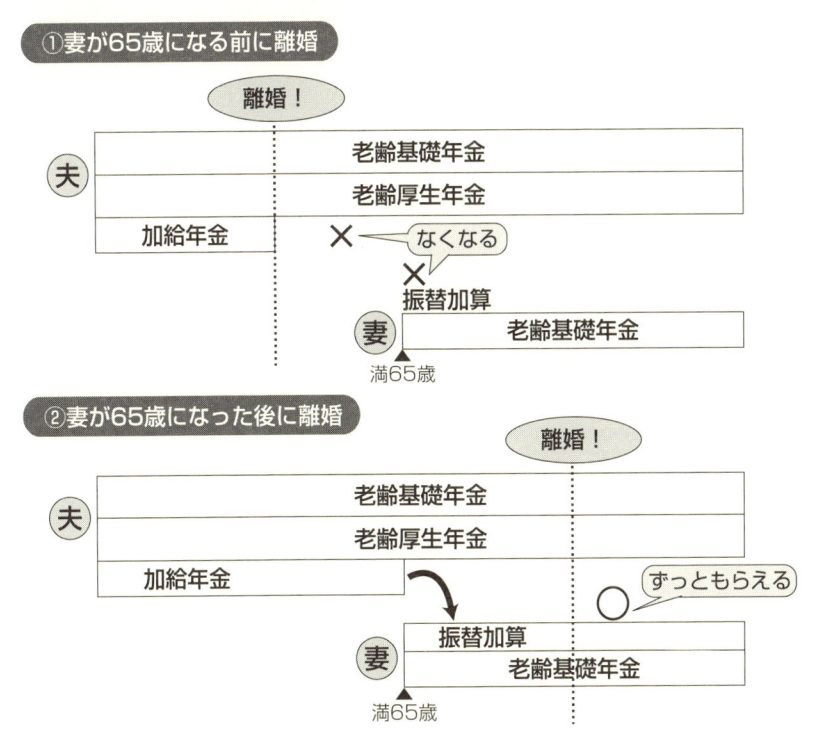

■ 離婚した時の年齢と振替加算の扱い

①妻が65歳になる前に離婚

夫：老齢基礎年金／老齢厚生年金／加給年金 ×（なくなる）
離婚！
× 振替加算
妻：老齢基礎年金
▲満65歳

②妻が65歳になった後に離婚

夫：老齢基礎年金／老齢厚生年金／加給年金
離婚！
妻：振替加算／老齢基礎年金 ○（ずっともらえる）
▲満65歳

第3章 ● 年金・ローン・退職金をめぐる知識

Question 6

年金暮らしになった夫との離婚を考えています。夫に支給されている年金の一部を私が受け取るということはできないのでしょうか。

Answer 年金分割の制度を利用することができます。

「離婚時の年金分割」とは、離婚すると女性の年金が少額になるケースが多いため、夫の分の年金を離婚後は妻に分割できるようにするというものです。離婚分割制度には合意分割制度と3号分割制度があります。

合意分割とは、結婚していた期間に夫が納めていた厚生年金保険に該当する部分の年金の半分につき、将来、妻名義の年金として受け取ることができる制度です。分割の対象となるのはあくまでも老齢厚生(退職共済)年金に限られ、老齢基礎年金は分割の対象とはなりません。報酬比例部分の2分の1(50％)を限度(共働きの場合は双方の報酬比例部分を合算して50％が限度)として、夫の合意があった場合に、妻独自の年金として支給を受けることができるようになります。

一方、3号分割とは、妻が第3号被保険者の場合に、婚姻期間にかかる夫の厚生年金記録を夫の合意がなくても分割してもらうことができる制度です。夫の合意が不要なのは平成20年4月以降の婚姻期間についてだけですので、それ以前の分については合意分割を利用することになります。

●合意分割と年金分割の具体例

ここでは、77ページに掲載した簡単なケースを基にして、合意

分割と年金分割についての年金額の算定例を考えてみましょう。

このケースでは、妻の受け取る年金額は、老齢基礎年金の約50万円（月額にして４万2000円弱）だけということになります。

この場合に合意分割をすると、以下のような手順で金額を算定します。まず、夫の年金額260万円のうち、定額部分約80万円と加給年金額約40万円の計約120万円は分割の対象にはなりません。残った約140万円が分割の基礎となる老齢厚生年金の額となります。この140万円のうち、婚姻期間にかかる部分は140万円×（30年÷40年）＝105万円です。

夫が年金の分割に応じた場合、この105万円のうちの50％にあたる52万5000円を限度として、妻に分割されることになります。月額にして４万3750円です。老齢基礎年金と合わせて月額８万5000円ほどの年金が妻に65歳以降に支給されことになります（受給資格を満たした場合に限る）。

一方、妻が３号分割を請求した場合、たとえば、夫の標準報酬月額が38万円だったとすると、夫19万円、妻19万円という記録に書き換えられるわけです。分割された厚生年金記録は、老後は妻の年金として計算されることになります。

■ **年金分割の事例**

夫の年金額
・老齢厚生年金約260万円
　（うち定額部分約80万円、うち加給年金約40万円）

妻の年金額
・老齢基礎年金約50万円（65歳からの支給）
・老齢厚生年金０円（脱退手当金受給のため）

Question 7 離婚にあたり、年金の分割をしたいと考えています。合意分割と3号分割では手続きに違いはあるのでしょうか。

Answer 合意分割をする場合は、当事者間の合意が必要になりますが、3号分割は離婚後に年金事務所への請求だけでできます。

　合意分割制度を利用する場合、まず、当事者間で分割割合について合意し、合意内容についての合意書を作成します。合意書については公正証書などを利用して作成することもできますが、公証人の認証がなくても、当事者双方（代理人による提出も可能）が合意書を年金事務所に直接提出する方法も認められています。

　当事者間において、按分割合（離婚分割後に分割を受ける側がもつ持分のこと）についての合意が成立しない場合、家庭裁判所に審判または調停申立てを行い、按分割合を決め、その審判書や調書の謄本または抄本が按分割合を証する書類となります。

　年金分割の請求は「標準報酬改定請求書」に必要な添付書類を添えて行います。提出先は最寄り（管轄）の年金事務所です。ただし、改定請求をする対象が共済年金のみの場合は、それぞれの共済組合の窓口が提出先になります。この場合の添付書類としては、前述の①按分割合が記載された書類の他、②年金手帳（または国民年金手帳）または基礎年金番号通知書、③戸籍謄本（抄本でもよい）または住民票です。

● 3号分割を請求する場合

　3号分割の請求が可能なのは、平成20年5月以降に離婚や事実

婚の解消をした場合です。

3号分割を請求する場合、離婚や事実婚の解消をした後に、標準報酬改定請求書に添付書類を添えて管轄の年金事務所に請求をすることになります。添付書類は、請求者本人の国民年金手帳や戸籍の個人事項証明書、住民票などです。

合意分割と3号分割を同時に請求したい場合、合意分割改定請求用の標準報酬改定請求書のみの提出で請求可能です。

詳しくは最寄りの年金事務所に問い合わせてみるとよいでしょう。

■ 年金分割を利用する場合の手順

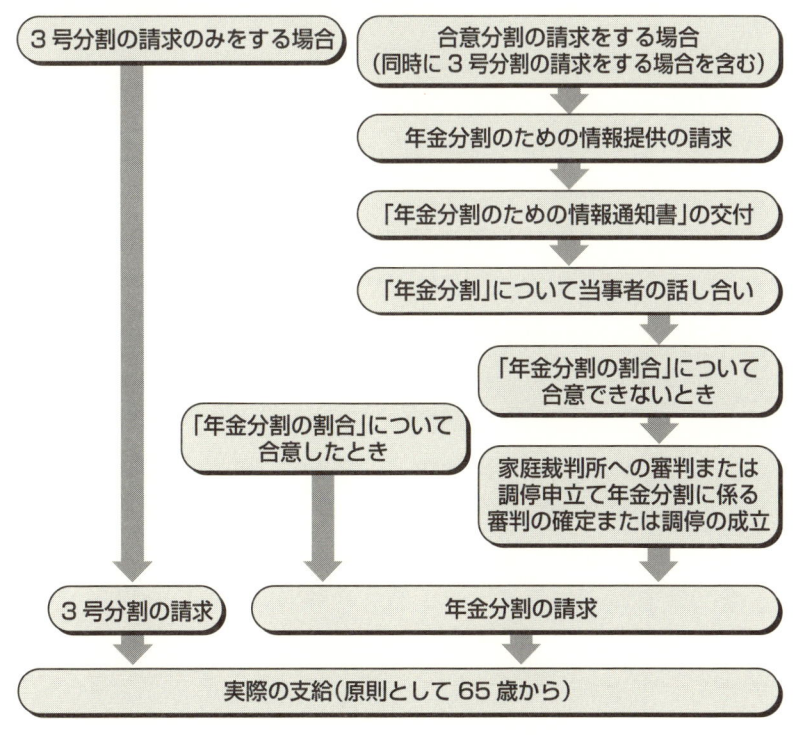

```
3号分割の請求のみをする場合        合意分割の請求をする場合
                              （同時に3号分割の請求をする場合を含む）
                                       ↓
                              年金分割のための情報提供の請求
                                       ↓
                              「年金分割のための情報通知書」の交付
                                       ↓
                              「年金分割」について当事者の話し合い
                                       ↓
                              「年金分割の割合」について
                              合意できないとき
                  「年金分割の割合」について              ↓
                  合意したとき                家庭裁判所への審判または
                                              調停申立て年金分割に係る
                                              審判の確定または調停の成立
                         ↓                           ↓
    3号分割の請求              年金分割の請求
                         ↓
              実際の支給（原則として65歳から）
```

Question 8

夫とは内縁関係でしたが、このたび別れることになりました。離婚では年金を分割できると聞きましたが、私は該当しますか。

Answer 事実婚を解消した夫婦が離婚分割できるのは、妻が専業主婦で第3号被保険者になっている期間に限られます。

　事実上、夫婦の関係にあるものの、入籍していないケース（事実婚関係）でも離婚分割は認められます。事実婚というのは、①単に婚姻届の提出がなされていない夫婦あるいは、②内縁関係はあるが、戸籍上法律婚の配偶者の記載があり、婚姻届の提出できない夫婦のことです。

　この場合、第3号被保険者届が提出されている期間について、分割の対象になります。これは、法律婚と違って、事実婚はその開始の時期と終わりの時期を正確に証明することが難しいため、一方が第3号被保険者であった期間が分割対象期間になっています。したがって、事実婚の期間中に妻も夫も働いており、両者が厚生年金に加入していた期間があったとしても、事実婚の開始と終わりの期間がはっきりしないため、合意分割はできません。

　既婚者が別の相手と事実婚状態の場合、事実婚の当事者の一方が、他方を被扶養配偶者として第3号被保険者の届けを出していれば、事実婚期間の分割が優先されます。

　ただし、事実婚で厚生年金の分割を利用する場合、第3号被保険者期間が終了していることに加えて、事実婚が解消していることが必要です。

Question 9 年金を分割するために、必要な情報が知りたいのですが、夫に知られずに入手できますか。

Answer 情報は年金事務所に問い合わせます。この際、婚姻関係が解消していなければ、年金事務所から夫へ通知はありません。

　離婚に際し、あらかじめ年金分割のための按分割合を決めるために必要な情報を把握しておきたい当事者は、日本年金機構に対して必要な情報の提供を請求することができます。実際には管轄の年金事務所が問い合わせ先になります。情報提供は、当事者双方または一方から請求することができます。2人で請求した場合は、双方にそれぞれ別に通知されます。また、妻が夫に内緒で情報の提供を求めた場合、婚姻関係への影響を配慮し、請求していない夫には通知をしません。ただ、婚姻関係が解消していると認められる当事者の一方が単独で請求する場合、提供する情報は、請求した本人だけでなく、他方の離婚当事者に対しても通知されます。

　請求時に必要な書類は請求者本人の国民年金手帳、年金手帳または基礎年金番号通知書及び婚姻期間等を明らかにすることができる市町村長の証明書または戸籍の謄本もしくは抄本です。

　提供される情報は、分割の対象となる期間、分割対象期間にかかる離婚当事者、それぞれの保険料納付記録、按分割合の範囲、分割の影響額がわかる情報などです。また、情報提供の請求をする際に、分割後の年金見込額を希望する場合には、分割後の年金見込額が通知されます。

Question 10 夫の退職前に離婚すると、退職金や年金は財産分与してもらえるのでしょうか。

Answer 将来の退職金の財産分与は難しいでしょう。年金は分割制度がありますが、両方を一括清算する方法もあります。

　退職した労働者に対しては通常退職金が支払われるのが多くの人の一般的な認識です。通常支払われる退職金については就業規則や退職金規程で定められ、退職手当や退職慰労金名目で支払われるものとなっています。退職金の額についても通常は就業規則や退職金規程によって定められていて、具体的な金額は退職者の所属していた部署や地位、あるいは勤続年数などによって変わってきます。退職金（あるいは退職年金）については、給料の後払いという性格から、給料と同視して財産分与の対象となります。ただし、退職前のケースではまだ退職金がいくら支給されるのかが確定していないので、財産分与の額についてもケース・バイ・ケースになってくるといえるでしょう。

　また、自己都合や会社都合といった事情により退職することになった場合、辞めた状況などによっては退職金の支払がないケースや、支払額が変わる事があります。さらに会社の経営状態等の理由で、支払いが行われないことも十分考えられます。このため、将来の退職金は財産分与に含まれないと考えた方がよいでしょう。

　ただし、退職予定がある程度決まっていたり、確実にもらえる場合であれば、結婚期間に応じて退職金も財産分与の対象となり

ます。退職金の受け取り方法としては2通りあります。1つは、退職金が将来支払われることを条件に財産分与の対象とする方法です。たとえば、「将来退職金が支払われた場合には、その2分の1を別れた妻に支払え」と命じた裁判例があります。もう1つは、将来支払われる退職金を現在の金額に引き直して、その何割かを妻に支払うという方法です。

● 年金の財産分与

離婚の際に問題となるのは老齢年金の財産分与です。年金についても、財産分与の対象となります。方法としては、やはり2通りの方法があります。1つは、扶養的な方法であって、将来夫が受給する年金のうち、妻の年金との差額の何割かを妻の死亡まで支給するというものです。もう1つは、現時点の金額に引き直して、清算的に離婚時に支払うという方法です。

なお、夫が会社員の場合、厚生年金の一部を専業主婦の妻が年金受給時に受け取ることができる制度が設けられています。この制度により、妻は厚生年金分を受け取ることができる権利を最大で2分の1にできます（76ページ）。

■ 離婚時の受取りと将来の受取りの選択

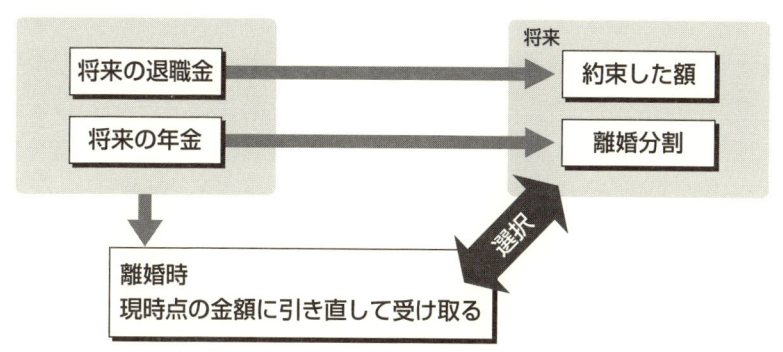

将来の退職金	→	将来 約束した額
将来の年金	→	離婚分割
↓ 離婚時 現時点の金額に引き直して受け取る	選択 ↗	

Question 11 夫と離婚後マンションは欲しいのですが、どのような手続きをすればよいのでしょうか。ローンは残っています。

Answer 夫へのマンションの分与分を現金で支払わなければなりません。また、ローンの返済方法を決める必要があります。

　不動産をそのままいずれか一方に残したい場合には、工夫が必要になります。方法としては、マンションの所有権はあなたがそっくり分与してもらい、夫への分与分はあなたが現金で支払う方法があります。この現金を「調整金」といいます。たとえば、あなたの財産分与が40％で、マンション価格が3000万円であれば、60％にあたる1800万円については、あなたが現金で夫に支払うわけです。もし、一括払いが難しいのであれば、分割払いにしてもらいます。その場合、分割払いを担保するために、マンションに抵当権を設定することもあります。次に、ローンをどうするかです。ローンが夫の名義であれば、1つの方法は、あなたが今後のローンをすべて引き受ける代わりに、夫に支払う調整金を、その分少なくしてもらうことです。ただ、その場合、ローンの債権者（ローン会社など）の同意が必要です。同意が得られない場合には、夫を債務の名義人にしたまま、実際にはあなたがローンを支払っていくという方法をとることもできます。

●その他の問題
　ローンの名義変更ができない場合は、あなたから、夫に返済分を渡し、夫がローンを支払う形を取ることになります。

この場合は、あなたが夫に渡していたとしても、夫がローンの支払を滞納すれば、あなたがマンションからの立退きを迫られることになるため、振込の管理や確認が重要です。

　また、あなたがマンションを取得する場合、名義をそのままにしておくと夫の財産として扱われます。たとえば、固定資産税は名義上の所有者である夫にかかります。このような、税金の支払いについても合意しておくことが必要になります。

　さらに、マンションの名義は、ローンを完済した後は、あなたの名義に変更しなければ、あなたの所有にはなりません。名義変更について、どのようなタイミングで行うかの合意も必要です。

　ただ、夫がローンを借りている事実は残っています。夫が新たにローンを組む場合は、形としては二重ローン返済になります。夫の返済能力が問われることになり、場合によってはローンが組めない可能性もあります。名義変更ができないと、このような様々な問題が発生するため、マンションを売却し、ローンを清算する方法も念頭において相手方と交渉するべきでしょう。

■ 離婚によって生じる住宅ローンの問題

●ローン組み換え

夫 →②所有権及びローンの移転→ 妻(所有権)
③ローンの免除
④ローンの返済
①ローンの引き受け
ローン会社

●ローンを組み換えず妻が返済

夫(所有権) ←①ローンの返済← 妻
②妻のローンの支払
③ローン返済後妻に所有権の移転
ローン会社

第3章 ● 年金・ローン・退職金をめぐる知識

Question 12 妻から熟年離婚を切り出され別居中です。妻への財産分与をできるだけ減らすために、退職金などは一人娘に贈与したいのですが。

Answer 財産分与は、別居時に存在する共有財産を基準とするので、妻に対する財産分与を減らすことはできません。

　あなたは、「離婚するのは問題ないが、妻は、貯金や退職金の半分は自分のものだと言い募っている。そんな妻に、財産分与は１円でも多く渡したくない。そのため、貯金や退職金のすべてを一人娘に贈与することや、２人名義のマイホームも娘に譲渡してしまうことを考えているが、できるのだろうか」とのことですね。財産分与の対象となるのは、夫婦が協力して築き上げた共有財産ですが、それでは、どの時点で存在した財産を共有財産とするのでしょうか。離婚時点であれば、それまでに共有財産を減らしておけば、妻に渡す分も当然少なくなるというわけです。
　ところが、実は、夫婦の協力関係がなくなった別居時点を基準とすることになっています。ですから、いくら別居後に娘さんに貯金や退職金などの財産を贈与したとしても、妻に渡す財産分与の金額を減らすということはできないということになります。
　また、夫と妻の２人の名義の家などを、相手の承諾なしに勝手に譲渡などの処分をすることはできません。したがって、今から娘さんに財産を贈与や譲渡したとしても、妻にできるだけ財産分与したくないというあなたの願いは、残念ながら達せられないことになります。

第4章

養育費をめぐる問題

Question 1 調停離婚をしましたが、最近、会社員の元夫が養育費を支払ってくれません。どうすれば支払ってもらえるでしょうか。

Answer まずは履行勧告・履行命令を利用して、それでもダメなら強制執行により給与を差し押さえることを考えてみましょう。

　養育費の支払いを約束しても支払義務者が約束通り支払うとは限りません。養育費の支払いは、毎月の定額払いが一般的で、しかも長期にわたりますから、支払いが行われなくなるのも珍しいことではありません。

　そこで、審判や調停で決定した内容については、履行勧告、履行命令、強制執行といった養育の支払いを確保する法的な手段が用意されています（199ページ）。養育費の不払いが続いていて内容証明郵便などで催促しても効果がない場合でも、相手が家庭裁判所からの働きかけであれば従うタイプであれば、特別な費用もかからないので、履行勧告・履行命令を出してもらうことを考えましょう。

　これで問題が解決すればよいのですが、相手が履行命令に応じない場合には、10万円の過料が課せられるだけで法的強制力がないのがこの履行勧告・履行命令の難点です。

　これでダメな場合には、強制執行することになります。一般の差押では支払期限を過ぎた滞納分しか対象となりませんが、養育費の場合、子どもに対する親の責任の重大性が考慮されており、滞納分だけでなく支払期限が来ていない将来の分も含めて差し押

えることができます。差押財産には預貯金や不動産の他、毎月の給料などがあります。あなたの場合、調停離婚されたとのことですので、その際、調停調書が作成されているはずです。その調停調書は判決と同じ効力を有するものなので、養育費の請求権に基づき強制執行することができます。相手の財産の内容がわからない場合は財産開示請求の手続きをとることもできますが、あなたの場合は、元夫が会社員で、どこの会社に勤めているがはっきりわかっていることでしょうから、給料を差し押さえることが容易かつ有効だと考えられます。給料については、通常、４分の３に当たる部分（この額が33万円を超えるときは33万円）は差押禁止の範囲とされていますが、養育費などの定期金債権の場合は、その差押の禁止範囲が２分の１まで縮小されます。したがって、たとえば、給料からから税金などを控除した後の額が66万円までの場合は、その２分の１まで差し押さえることができます。また、控除後の額が66万円を超えると、控除後の額から33万円を差し引いた金額まで差し押さえることができます。

　養育費などの不払いの場合、穏やかな手段によって解決できないときには、元夫の社内的な立場に少なからず影響があるかもしれませんが、この際割り切って、強制執行により給料を差し押さえるという方法を取ることを考えてみましょう。

■ **差押禁止の範囲**

差押禁止の範囲
├─ 一般の債権 → 給与額の４分の３
└─ 養育費などの債権 → 給与額の２分の１

第４章 ● 養育費をめぐる問題　　89

Question 2 夫に養育費を確実に払ってもらうため公正証書を作成するつもりですが、将来、1度決めた額を変更することは可能でしょうか。

Answer 公正証書に定めた養育費を変更することも、やむを得ない事情があれば可能です。

　養育費の額は、支払う側の経済的なレベルを標準にして定められますが、同居する側の生活水準にも関連するので、一方の収入や生活だけで決められるわけではありません。

　基本的には、養育する側でない方の親が全面的に負担するものですが、養育する側にもそれなりに収入がある場合は、それも考慮に入れて決められます。

　養育費の支払いは、一般的には月払いであることが多く、期間も長期にわたるケースが多いため、支払いが滞るようになった、払ってくれなくなったというトラブルも目立ちます。

　養育費は債権ですから、もし支払ってもらえないときには、一般の金銭債権の取立てと同様の処置をとることが可能です。しかし月々の額もそれほどの額でないだけに、手続きも煩雑です。かといって、不払いになればそれなりに経済的な痛手も被ります。そこで、養育費の不払いについては上手に催促をする事が必要です。たとえば内容証明郵便を出してみるというやり方もあります。

　しかし、一番確実なのは、離婚する際に養育費の支払いに関する約束を公正証書にすることです。公正証書は公証人に内容を証明してもらった書類で、「契約を履行しない場合は強制執行を受けても異存ありません」といった一文が記載されている場合は裁

判所を通すことなく強制執行することができるという強い効力があります（191ページ）。したがって、何の理由もなく養育費を滞納し、催促されても応じなかった場合は給料の差押などを受けても文句は言えないことになります。

　法的に強力な拘束力のある公正証書の内容を変えることはできるのでしょうか。実は、公正証書の内容を全く変更できないわけではありません。いったん決められた養育費を変更することはそう簡単ではありませんが、それでもやむを得ない事情がある場合には、相手に養育費の増減を請求することが可能です。

　たとえば増額の理由としては、次のものがあげられます。①入学金など進学に伴う学費がある場合、②子どもがケガや病気で入院した場合、③受けとる側が病気や失職などで収入が低下した場合などです。

　また、減額のケースとしては、①支払う側が病気や失職で収入が低下した場合、②受けとる側の収入が大幅にアップした場合などです。

　養育費の支払いの場合、その履行は長期に渡りますから離婚協議の時点では予想もしなかった事態が起こることも十分に考えられます。

　公正証書を作成した以上、可能な限りはその内容を守るべきですが、その内容が客観的に見て現実的ではないと判断される場合には裁判所でも内容を再検討する必要性を認めています。

　また、将来、養育費を定めたときには予想できなかった子どもや自分の病気、失業といった事情が生じた場合は、まず元夫に養育費の増額を申し入れてみて下さい。話し合いで折り合いがつかなければ調停を申し立てます。裁判所は、元夫の収入の状況などを検討し妥当な養育費の額を提示します。

Question 3

離婚し、子どもの親権者になりました。生活が厳しいので、別れた夫に養育費を要求することは可能でしょうか。

Answer 養育費は資力に応じて双方が負担します。

　まず、子どもの養育費の負担を誰がするのかについて考えましょう。子どもがいる夫婦が離婚をするときには、必ず子どもの親権者を定めなければなりません。しかし、それは子どもの将来のためであって、親権がなくなったからといって、親子の関係が法律的に解消されるわけでは決してないのです。つまり、親として子どもに対して負っている扶養義務は、失われないのです。ですから、あなたのケースでも、別れた夫は子どもに対して扶養義務を負っています。

　民法でも、父母が協議上の離婚をするときは、「子の監護に要する費用の分担」（養育費の分担）について、その協議で定めるものとされています（民法766条）。親権者でない相手に、どの程度の負担を求めることができるのかについては、それぞれの親の資産・収入状況などを総合して、個別に判断することになります。

　たとえば、親権者となった側が資格を生かして働いているというようなケースでは、その分を加味した金額の請求が認められることになります。また、養育費の支給期間は法律で決まっているわけではありません。両者の話し合いによって、金額や期間が決まらなければ、家庭裁判所に養育費の調停を申し立てることができます。

Question 4

離婚の際、「養育費を求めない」と約束してしまいました。学費などが足りなくなっても一切請求できないのでしょうか。

Answer

子どもの権利としてある程度請求することができます。

　離婚協議の際に、親権をもらう代わりに「今後一切養育費を請求しない」と決めたことには、それなりの効力があります。しかし、子どもの養育にかかる費用は本来、父母が共同で負うべきものです。また、子ども自身にも、父母に養育を求める権利があります。父母が自分達の都合で養育費の負担分を増減させたとしても、子ども自身の扶養を求める権利がなくなるわけではありません。そのため、協議離婚後に親権者の収入が病気や会社の倒産などで激減し、子どもの養育に支障をきたすような状態になった場合、子どもの権利を親権者が代理して、もう一方の親に養育費を請求できるとされています。

　たとえば、親権者である母の収入がなくなっている場合、子どもの養育環境を維持するのが困難であることは容易に想像できます。親には、自分の生活と同じ程度の生活を未成熟な子どもにさせる義務（生活保持義務）がありますから、これを基準に元の夫に養育費の請求をすることは可能と思われます。ただ、離婚協議時の約束がありますから、養育費の請求期間は通常のように子どもが成人するまでではなく、あなたが「一定収入が得られる再就職先を見つけるまで」とするのが妥当でしょう。

Question 5 再婚すると元夫からの養育費はもらえなくなるのでしょうか。

Answer 親の再婚と子どもへの扶養義務は別の問題です。

　養育費は、夫の妻への義務というわけではなく、親から子に対する義務です。ただ妻が再婚したからというだけで、夫が一方的に養育費の支払いを拒否することはできません。子どもに対する父母としての扶養義務は一生続くものなのです。妻の再婚相手と子どもが養子縁組をしたとしても（母親が再婚しただけでは、子どもと再婚相手の間には戸籍上何の関係も生じません。養子縁組の手続きをして初めて養親子となり、養親には扶養義務などが生じます）、実の父親との関係は失われません。このような場合、子どもの養育にかかる費用は、実父・母・養父の三者が共同して負担することになります。ただし、夫が再婚して新しい妻との間に子どもができた場合や、失業・病気などで収入が激減した場合など、特別な事情があるときには、夫は妻が再婚しているか、再婚相手の経済状態がどうか、ということに関係なく、養育費の減額もしくは免除を求めることができます。逆に、妻の収入が減った場合や、子どもの大学進学で特にお金が必要になった、という場合は養育費の増額を請求することもできます。

　養育費の金額について、夫婦間の話し合いで折り合いがつかない場合は、家庭裁判所に「養育費変更の申立て」をして判断を仰ぐとよいでしょう。

Question 6 離婚時に決めた養育費の額を増やしてもらうことはできるのでしょうか。

Answer 一定の事情があれば認められる可能性があります。

　養育費については、将来の予測が困難なことから、安易な決定をしがちです。子どもが成人するまでにかかる費用であることをよく考えて、金額や支払方法を決めておきたいものです。

　養育費の増額については、内容証明郵便などの文書を送付し、協議を行いますが、話がまとまらない場合には、家庭裁判所に養育費増額請求の調停を申し立てることができます。増額が認められる要因としては、子どもの進学や物価の上昇、生活の変化や収入の増減などがあります。

　養育費の額について明確な決まりはありません。家庭裁判所や地方裁判所の採用する算定基準はあるものの、決定的なものではありません。あくまでも支出する側の生活水準を考慮した上で決定されます。もし将来について不安がある場合には、子どもの進学や成長に合わせて一定の時期ごとに金額を決め直すと約束するのもよい方法でしょう。

　なお、大病をして生活が苦しいなどの事情がある場合には、住んでいる自治体に生活保護について相談してみるのも１つの方法です。生活保護は、保護を必要としている間だけ適用される制度です。一定の条件を満たせば病気が治るまでの受給も可能です。

Question 7
離婚訴訟を起こし、実家に帰りました。子どもがいるため養育費が必要です。離婚訴訟係争中でも養育費を夫に請求できますか。

Answer
最初に請求した時点から、具体的に養育費を請求することができます。

　父親も自分の子どもたちを扶養しなければならないのは、法律上当然のことです。ただ、別居していて母親が面倒を見ているケースなどでは、いつからの分を請求してよいのかは、どうしても不明確になりがちです。そこで、裁判例などでは、一般的に、一方の親が相手に扶養義務を果たすように請求したときから、具体的に養育費を請求することができるとされ、それ以後は養育費を継続して請求することができることになります。

　ただし、1年以下の支払いでは5年間請求しないと時効（民法169条）になります。また1年より長い期間の支払いは、10年請求しなければ時効（民法167条1項）になります。

　また、離婚までは考えずに一時的に別居しているというケースだけではなく、離婚を前提として訴訟が係属している状態でも、養育費を請求することはできるという裁判例があります。

　結局、あなたのケースでも、あなたが夫に対して最初に請求した時点から、具体的に養育費を請求することができるのです。

　ただし、請求した事実が残る方法を取ることが必要です。口頭での請求は「言った」「言わない」の水掛け論になってしまいます。

　ですから、なるべく早く、請求したという事実が証拠として残る内容証明郵便を利用して、夫に養育費を請求しておくべきでしょう。

Question 8

親権を取った妻の方は子どもと一緒にいられるのだから、離れて暮らす私は養育費を払わなくてもよいと思うのですが。

Answer 本来、養育費は子どもの扶養のためのものですから、離れて暮らす側も支払義務を負います。

　一般的に、親権者となって子どもを引き取る側が相手に対して養育費を要求することは今では常識になっていますが、離婚の際の子の養育費の支払いについては、直接定められた法律があるわけではありません。民法でも、「監護について必要な事項が協議でまとまらないときは家庭裁判所が定める」という規定があるだけで、養育費を決める特別の基準があるわけではありません。

　しかし、民法が定める一般的な親の扶養義務に基づき、離婚によって夫婦の関係が解消されても、親子の関係までもが解消されるわけではなく、親は子どもが成人に達するまで子どもを扶養する義務があるとされています。そのため、親権者や監護者にならないで離れて暮らしている方の親も、子どもの養育費を分担する義務があることになります。

　養育費というのは、あくまで子どもの扶養のためのものです。厳密にいえば、親権者（または監護者）が子どものかわりに扶養請求を行うということです。親権者となった親自身のために相手からもらえるお金ということではありません。

　また、「離婚して親権もないのだから」といって、子どもの養育費の支払いを拒否したり、養育費の額を極端に少なくするということも認められません。

第4章 ● 養育費をめぐる問題

Question 9 離婚した場合、子どもの養育費は親権を持つ者がすべて負担しなければならないのでしょうか。

Answer 親権のない親にも扶養義務があります。

　離婚するにあたって親権者を決めると、親権を持っていない親がそのことを理由に子どもの養育費を負担することを拒否するケースがあるようです。しかし、そのことは全く理由になりません。
　まず、子どもの養育費の負担を誰がするのかについて考えましょう。離婚という現象は、それまで法律的に夫婦であった男女の関係を、解消させることに他なりません。しかし、その一方で、その男女が婚姻中に産まれた子どもとの関係まで、解消するわけではありません。確かに、子どもがいる夫婦が離婚をするときには、必ず子どもの親権者を定めなければなりません。しかし、それは子どもの将来のためであって、親権がなくなったからといって、親子の関係が法律的に解消されるわけではないのです。つまり、親として子どもに対して負っている扶養義務は、失われません。ですから、親権を持っていない親であっても、子どもの成長に必要となる養育費を負担する義務を負うことになります。
　では、親権者でない相手に、どの程度の負担を求めることができるのでしょうか。これについては、それぞれの親の資産・収入状況などを総合して、個別に判断することになります。無職ではなく、収入がある場合、その分を踏まえた金額の請求が認められることになります。

Question 10 自己破産すると養育費の支払義務はどうなるのでしょうか。

Answer 破産・免責決定を得ても、養育費支払義務は免責されません。

親権者とならない者が養育費を負担することになったとしても、離婚後に養育費の支払義務者側の事情が変わるということはあります。

支払義務者が自己破産して、さらに、裁判所から免責の決定が下されれば、それまで背負っていた債務から解放されることになるのが原則です。しかし、破産法では、政策的な理由から免責されない債務をいくつか定めています。その中で、親族間の扶養義務に基づく債務も免責の例外とされています。まず、破産者が夫婦・親子・兄弟姉妹といった関係に基づいて負担すべき義務については、免責されないものとしています。いくら破産して免責された後でも、親族の関係まで否定されるわけではありません。また、子どもの扶養義務まで免責してしまうのでは、子どもの成長・福祉のためによくないからです。あなたの場合も、子どもの養育費は送金し続ける必要があります。さらに、破産法では、破産者が夫婦・親子・兄弟姉妹といった関係から負担すべき義務に類する義務であって、契約に基づくものについても、免責の例外としています。離婚した夫婦間での生活費負担義務がこれに該当すれば、免責の決定があっても養育費を支払い続けなければなりません。この判断はケース・バイ・ケースとなるでしょう。

Question 11 最近離婚した元妻から、出産したので養育費を払ってほしいと連絡がありました。私の子ではないと思うのですが拒否できますか。

Answer 裁判所に調停の申立てをする必要があります。

　離婚後に生まれた子どもに養育費を支払うかどうかは、子どもが生まれた時期によって決まります。民法772条に「婚姻解消の日から300日以内に生まれた子は婚姻中に懐胎したものと推定する」という規定があります。つまり、子どもが生まれたのが離婚した日から300日以内であれば、法的には元夫の子として扱われ、その戸籍に入るということです。この場合、離婚した夫婦は互いに生まれた子どもの養育費を負担する義務があります。ただし、たとえ離婚した日から300日以内に生まれたとしても、懐胎の時期に海外に駐在していたなど、客観的に見て元夫が父親ではないということが明らかにわかる事情がある場合には、裁判所に親子関係不存在確認の調停を申し立てることができます。また、客観的な証拠はないものの、離婚する前から性交渉がなく、自分の子どもではないと考える場合、元夫は子どもの出生を知ってから1年以内であれば、家庭裁判所に嫡出否認の調停を申し立てることができます。調停の場で双方が元夫の子ではないことに合意し、かつ家庭裁判所が調査した結果、その合意が正当なものであると認めれば、子どもは元夫の子ではないということになりますので、養育費を拒否することができます。なお、調停で合意ができなければ、訴訟を提起し、裁判所に判断を委ねることになります。

第5章

親権をめぐる問題

Question 1 親権とは具体的にはどんな権利なのでしょうか。

Answer 子どもが健全に成長するために必要となる権利です。

　親権は、子どもの世話をしたりしつけや教育をする身上監護権と、子どもの財産を管理したり、子どもに代わって法的な行為（契約など）を行う財産管理権とに分けられます。親権をもつ人を親権者といいます。普通に両親と子どもで暮らす場合、夫婦の両方が親権者になります。未成年の子どもがいる夫婦が離婚する場合には、親権者をどちらかに決めなければいけません。

　親権は、あくまで子どものための制度であり、親の一時的な感情で決めるべきことではありません。夫婦の両方が、お互いに親権者になりたい（あるいはなりたくない）と言い張って、どちらが親権者になるか決められない場合は、家庭裁判所に親権者の調停申立てをして、調停あるいは審判で親権者を決めます。

　どちらが親権者になるのかが決まっていれば、離婚届を提出する際に、「親権者と定められる当事者の氏名及びその親権に服する子の氏名」を記入します。ただし、離婚届に記載された親権者を変更する場合は家庭裁判所の許可が必要になりますから、よく考えて決めておくべきでしょう。

　なお、子どもが生まれる前に離婚した場合や、父母が結婚していない婚外子の場合は、母親が親権者になるのが一般的ですが、事情によっては父親が親権者になることもあります。

Question 2

離婚協議中の妻と親権を争っています。知人から監護者と親権者を分ける方法もあると聞いたのですが、どう違うのでしょうか。

Answer

それぞれ担う役割が異なります。監護者は親以外の者がなることもできます。

　親権の具体的な中身は、子どもの監護教育、居所の指定、懲戒、職業許可、財産管理、代理といったことです。このうち、監護教育という部分に絞って子どもに対する権利や義務を負うのが監護者です。監護者は実質的に子どもと生活を共にし、身辺の世話やしつけ、教育などを行います。監護者を別に定める場合は、親権者は監護以外の部分について権利や義務を負うことになります。

　通常であれば親権者が監護権をもつところ、あえて親権者と監護者を分ける事情としては、夫婦の一方に財産の管理能力がない、多忙や病気などの事情で子どもに適切な監護を与えることができない、離婚する夫婦の双方が親権を譲ろうとしないときの解決策とする場合などがあります。たとえば浪費癖があり、仕事にも就いていない母親がどうしても親権を譲ろうとしない場合などには、財産管理を行う親権者を夫が、日常の世話をする監護者を妻が担うとすることで合意するケースがあります。なお、監護者には祖父母など親以外の者がなることも可能です。

　監護者は当事者の協議もしくは調停・審判の申立てによって決定することができます。特に届出などは必要ありませんが、後のトラブルを避けるため親権者と監護者を分けた事実を明記した協議書などを作成しておいた方がよいでしょう。

Question 3 離婚しますが、事情があって双方とも子どもを引き取れません。子どもはどうなりますか。

Answer 最終的には裁判所の判断で養育施設に入る場合があります。

　親権者についてもめるというケースの中には、病気や借金といった理由で父親も母親も子どもを引き取りたくない、あるいは引き取ることができないという場合もあります。

　たとえば、具体的には、「妻は病弱で入退院をくり返す状態だし、かたや父親は借金だらけで、経済的にとても子どもを養育できるような状態ではない」「父親は子どもを養育できる精神状態ではなく、一方、母親はすでに再婚が決まっていて、子どもを引き取ることがむずかしい」といったケースがあります。

　このように、やむを得ない事情によって一方の親が親権を辞退した場合、当然のことながら、もう一方の親が親権者となるのが一般的です。しかし、仮にもう一方の親にもまたやむを得ない事情があったり、あるいは親権者としてふさわしくないと裁判所が判断した場合には、子どもは養育施設に入ることになります。親に代わって、国が子どもの監護者となるわけです。

　また、「母親がやむを得ない事情で親権を辞退することになり、父親が親権者になるといっているが、父親が十分に子どもを育てられるかどうか疑いがもたれるため、父親を親権者とするのは問題がある」ような場合も、裁判所が子どもを施設に収容するように判断を下すこともあります。

Question 4 上に中学生の男の子と、下に小学5年の女の子がいます。1人だけでも私が引き取りたいのですが、可能でしょうか。

Answer 可能ですが、子どもの幸せを第一に対応すべきでしょう。

　子どもが2人以上いる場合は、それぞれの子どもについて親権者を決めることになります。そのため、夫婦に子どもが2人いる場合、たとえば上の子は父親が、下の子は母親が引き取る、という例もよく聞かれます。実際にあった裁判例では、「離婚の時期がちょうど長女の受験と重なるので、生活環境が大きく変化するのは好ましくない。そこで、離婚後も同じ住所に住み続ける父親を長女の親権者とし、一方、長男はまだ中学進学の時期で、父親から度を超えたせっかんを受けているという事実もあったため、長男の親権者は母親に決定された」というものがありました。この例のように、離婚に際して、子どもがある程度の年齢に達し、子どもの意思や希望が尊重されているのであれば、それぞれの子どもの親権を別々にすることも可能です。

　あなたの場合は、上の男の子が中学生、下の女の子が小学5年生ということですが、「婚姻期間中も子育てに実際に取り組んできて、子どもからも母親と同様に慕われている」といった事情などがあれば、少なくとも1人について親権が認められる可能性は高いと思われます。ただ、兄妹をばらばらにすると子の成長に何らかの影響をもたらすおそれもあるので、可能な限り親権者はどちらか一方に決定することが望ましいというのも確かです。

第5章 ● 親権をめぐる問題

Question 5 最終的には裁判で親権者が決定するそうですが、その基準となるポイントにはどんなものがあるのでしょうか。

Answer 「子どもの幸せ」が最優先の基準となります。

　決定基準とは、あくまで裁判離婚の場合の基準ですが、一般的な協議離婚の場合も、同様の基準を応用できると思います。
① 　監護の継続性
　現実に子どもを監護している者を親権者として優先します。たとえば、別居期間中に子どもを母親が監護していれば、母親が親権者としてふさわしいということになります。
② 　健康状態が良好であること
　当然のことながら、子どもを育てていくためには、心身共に良好な健康状態であることが不可欠です。病弱であることはもちろん、躁鬱など精神的に不安定だったり、アルコール、薬物中毒の可能性があるような場合も、十分に子どもの養育をすることができないと判断され、親権者としては不適格ということになります。住所不定の放浪生活を送るような人も、同様に判断されます。
③ 　子どもと接する時間がとれること
　子どもを教育し、食べさせていけるだけの収入を得なければならないのは、父親も母親も基本的には同じ条件ですが、たとえば、「妻の実家で金銭的な援助があり、子どもと接する時間が夫よりも多くとれる」というような場合は、母親側が親権者として適当とされる可能性が高いでしょう。

④ 子どもの年齢および子ども自身の事情も考慮する

　裁判所の調停や審判では、「10歳くらいまでは、子どもは母親とのスキンシップが重要」「15歳以上になれば、物事に対して自分で意思決定する能力が備わる」と判断されることが多いようです。ただ、年齢だけをとって「もう大人だ」などと安易にかまえず、子どもの情緒を十分に考慮した上で、その意思や希望を受けとめることが大切です。

　また、住む場所や学校などががらりと変わるといった急激な環境変化も、子どもにとっては大きな心の痛手になります。こうしたことも決定基準の1つとして考慮に入れられます。

⑤ 経済的な事情は大きな問題ではない

　子どもの幸せはお金ではかることはできません。ですから、経済的に豊かであることは、必ずしも親権者決定の大きな基準とはならないと考えられます。

⑥ 離婚に際しての責任について

　他国の例を見ると、どちらかの不貞が理由で離婚するような場合、不貞をはたらいた方の親は親権者にも監護者にもなれないことが、はっきりと法律で定められているところもあるようですが、日本ではこのような法律はありません。裁判例を見ても、あくまで「子どもの幸せ」を優先基準として判断され、有責かどうかが決定的な基準にはならないようです。

⑦ 監護補助者となる親戚やあてがあるか

　父母とも仕事をもっている場合、子どもの養育のための「監護補助者」が必要となります。監護補助者は、祖父母などの親族がなることもありますが、監護補助者自身の心身状況や人格、および育児経験などが重要ポイントになります。監護補助者は、必ずしも親族でなければならないわけではありません。適切であれば、乳幼児保育施設を監護補助者として立てることも可能です。

Question 6 離婚するにあたって、子どもの親権は父親である私がとりたいと考えています。父親は不利でしょうか。

Answer 条件次第で父親が親権者になることもあり得ます。

　夫婦間の愛情が冷めてしまっても、子どもかわいさに離婚を思いとどまっているという夫婦も少なくありません。このような夫婦がいざ離婚するとなった場合、どちらが子どもを引き取るかでもめるという事態に発展する可能性が高いと思います。このように、子どもの親権をめぐって争いが生じた場合、調停や審判、もしくは裁判など、法的な手続きによって親権者が決定されます。

　過去に家庭裁判所で取り扱われたケースを見る限りにおいては、母親が親権者や監護者になる場合が、圧倒的に多くなっています。これは決して、「男親が親権者としてふさわしくない」ということではなく、実際に子どもの世話をする、子どもの教育環境をととのえるなどの点から検討した結果、「母親と一緒にいた方が、子どもにとっては生活しやすい環境である」と判断されることが多いからといえそうです。ましてや子どもが義務教育にも達していない幼児の場合は、特にそう判断されることは多いでしょう。しかし、場合によっては、父親が親権者となることもあります。たとえば、父親も母親も収入的に対等の仕事をもっていて、子どもを育てる環境も両者同じく問題ないが、母親の側に離婚の原因を作った責任があるようなケースでは、母親は親権者としてふさわしくないと判断され、父親が親権者になるということもあります。

Question 7 離婚を決めたとたん、皮肉なことに妊娠していることがわかりました。生まれた子どもは、母親としてぜひ私が育てたいのですが。

Answer 離婚後300日以内に生まれた子の親権者は、母親であることが法律で決まっています。

　民法上、離婚した後に、子どもが生まれた場合には、離婚が成立した後300日以内に生まれた子どもは前夫の子どもとして推定されます（民法772条）。そして、子の出生前に父母が離婚した場合の親権の取扱いについては、「母が行う」とされています（民法819条）。つまり、原則として、親権者となるのは母親です。

　しかし、まだ正式に離婚届を提出していない段階で妊娠が発覚したとなると、夫側が「裁判で争ってでも、子どもは自分たちの手で育てる」と強硬に主張してくる可能性はあります。

　たしかに、子どもが生まれた後に、両親が話し合って合意すれば、父親が親権者になることもできます（民法819条3項ただし書）。しかし、あなたの方が、話し合いの結果、合意できないとなれば、親権者はあなたのまま代わることはありません。

　なお、子どもの親権についての話し合いは出生後に行うことが定められていますので、夫が出生以前に話し合いを求めてきても拒否して、そのまま離婚の手続きを進めることができます。

　子どもの出生届は「平成×年×月×日○県○市○町×丁目×番地×で出生母届出入籍」と記載され、子どもは前夫の戸籍に入ることになります。そして、母であるあなたが、子どもの親権者になり、戸籍には「親権者母」と記載されることになります。

第5章 ● 親権をめぐる問題

Question 8

娘が離婚し、婿が孫を養育していますが、先日孫が父親から暴力を受けていると逃げてきました。孫を引き取る方法はありますか。

Answer 親権喪失の手続きにより、後見人に就任するという方法があります。

　親にあるまじき行動ではありますが、中には、どちらも子どもを引き取りたくないと押しつけ合った結果、いやいやながら子どもを引き取った親が、子どもに暴力を加えたり虐待をしたりするという可能性も考えられます。

　こうした行為は、親権の濫用であり、言うまでもなく見過ごすことのできない行為です。このような事態が明らかになった場合、子どもの親族、あるいは検察官の申立てによって、親権を喪失させることができます。

　また、暴力的な行為に出なくても、子どもを学校に行かせない、子どもの養育を放棄しているような場合も、親権を喪失することになります。

　さらに、児童福祉法によって、児童相談所の所長も、不適格と判断した親権者に関して、親権の喪失を申し立てることができます。

　親権喪失の申立てがあった場合は、どのようになるか決定するまで、親権が停止され、祖父母などが親に代わって親権代行者となることもできます。

　申立てによって親権の喪失が確定し、子どもの親権者がいなくなった場合には、親族や児童相談所長らによって、裁判所に子どもの後見人の選任を申し立てることになります。

Question 9 親権者の親権を一時的に停止させる制度があると聞きましたが、どんな制度なのでしょうか。

Answer 最長2年間の範囲で親権者の親権を停止する制度です。

　親権停止の審判とは、父や母による親権の行使が困難あるいは不適当であるために子の利益が害されるときは、その父または母について、最長2年間の範囲で親権停止の審判をすることができるというものです（民法834条の2）。親権停止の審判は、児童虐待増加の状況を踏まえて、平成24年4月から施行されている比較的新しい制度です。

　親には子どもを監護・教育する権利があるため、児童虐待が疑われるようなケースでも、子どもと親を引き離すのはなかなか難しいという問題があります。民法は、父または母による親権の行使が著しく困難、不適当であることにより子の利益を著しく害するときには親権の喪失の審判ができることを定めています（民法834条）。しかし、この親権喪失の制度については、喪失させてしまうと元に戻すのが難しいため、利用しにくいという問題がありました。また、親権喪失の審判をするための要件である「著しく」という文言が親権停止の審判については規定されていないため、親権停止の方が認められやすいということができるでしょう。

　一時的な親権の停止が認められたことで、子どもを親から引き離して保護しやすくなることが期待されています。

Question 10　娘が、突然、元夫に連れ去られてしまいました。親権者の私はどうすればよいのでしょうか。

Answer　家庭裁判所や地方裁判所へ申し立て、または警察への相談を検討すべきです。

　たとえば、協議離婚が成立した1か月後、小学校から帰る途中で娘が元夫に連れ去られてしまい、親権者である元妻がすぐに帰すよう連絡したにも関わらず、「娘のためには、俺が育てた方がいい」と言って応じない、という事例で考えてみましょう。

　この場合、家庭裁判所と地方裁判所への申立てという手段が考えられます。家庭裁判所に対して「子の引渡」を求める調停を申し立てることになります。調停は、調停委員が当事者双方と子ども（だいたい10歳以上の場合）から意見を聞いて、事案に即した解決を図ります。虐待などの緊急性がある場合には、調停の結果が出る前でも、仮処分を申し立てて、子どもの引渡しを請求することもできます（ただし、仮処分に強制力はありません）。

　家裁での調停よりも迅速かつ実効的なのが、地方裁判所への人身保護請求です。申立後1週間以内に審問が開かれます。審問が終結すれば、その日から5日以内に判決が言い渡されます。ただ、別居中の夫婦間での子どもの引渡請求については、子どもの幸福に反することが明白でなければ、人身保護請求は申し立てられないという判例があります。

　また、このような事例は未成年者略取誘拐罪（刑法224条）に該当する可能性もあるため、警察署への相談も検討すべきです。

Question 11

小学5年生の娘が、親権者である元夫の交際相手である女性の暴力に耐えられず、私の家に来ました。どうすればよいのでしょうか。

Answer そのまま一緒に暮らすことは可能ですが、親権者変更の手続きをした方がよいでしょう。

　このケースのように親権者が素行不良などの場合、耐えかねた子どもの方が親権のない父母に救いを求めてくることがあります。

　親権者には、子どもの居所を指定する権利があるため、親権者の許可なく子どもを連れ出せば、未成年略取や誘拐として訴えられる可能性もあります。また、親権者には、子どものしつけや教育のための懲戒権も認められているので、子どもが、しかられたことが嫌で家を出てきたというような場合には、親権者のもとへ子どもを帰す必要があります。しかし、子どもが自分の意思によって別の場所で生活しているのであれば、必ずしも親権の侵害にはなりません。また、しつけと称して暴力をふるうなどの行為は、親権の濫用といえるので、親権喪失原因となり得ます。

　判例では、子どもが自分の幸福のための意思決定ができるようになるのは10歳以上と考えられています。

　たとえば、子どもが父親の交際相手の暴力から逃れるために、自分の意思で母親と生活することを望んでいる場合、もし訴えられたとしてもあなたが罪に問われる可能性は低いでしょう。ただ、親権者が父親のまま、母親と生活することになると、何かと不都合が生じますから、そのまま一緒に暮らすことを選択するのであれば、親権者変更の手続きをした方がよいでしょう。

第5章 ● 親権をめぐる問題

Question 12 離婚して、夫が子どもを引き取ることになります。離婚後子どもに会うにはどうすればよいのでしょうか。

Answer 親権を持っていない親が子どもと面会を行う、面会交流という制度があります。

　親権者（または監護者）にならなかった側が、離婚後に子どもと会って一緒に時間を過ごしたりすることを「面会交流」といいます。たとえ夫婦は離婚して他人になったとしても、親子の関係までもが断たれるというわけではありません。親権者にならなくても、親である以上、子どもと会う権利は当然のものであるといえますし、養育費の支払いといった法的な扶養義務を負っていることもあるのです。そのため、よほどの事情がない限りは、子どものためにも別れた親に会わせることは必要だといえます。民法でも、父母が協議上の離婚をするときは、「父又は母と子との面会及びその他の交流」について、その協議で定めるものとされています（民法766条）。

　面会交流については、実際にどのように実行するかということを、あらかじめきちんと取り決めておいた方がよいでしょう。

　たとえば、「１か月に何回会うのか」「会う時間帯や場所」「送迎の仕方」「連絡方法」などについてです。

　とても細かいことですが、後にトラブルを起こさないためにも、きちんと決めて書面にして残しておきましょう。

　面会交流の話し合いがまとまらない場合は、家庭裁判所に面会交流調停を申し立てることになります。

Question 13 離婚後、妻が子どもを引き取っています。私の暴力が原因で別れたのですが、子どもと会うことはできますか。

Answer 面会交流は子どものための制度で、理由があれば面会交流が認められない場合があります。

　面会交流は、あくまでも「子どもの福祉や利益に反しない」ということが基本ですから、子どもと会わせるにあたって、どう考えても問題があるような場合は、面会交流が認められないこともあります。裁判所の判断によれば、以下の①〜③のような場合に相当するケースでは、子どもとの面会交流に制限が加えられたり、認められないとされるようです。

① 暴力や虐待で、親権者としてふさわしくないとされている者
② 面会交流によって子どもや親権者が暴力的な行為を加えられたり、力づくで子どもをさらう可能性がある場合
③ 子どもが自分の意思で面会交流を拒否する場合

　子どもが、ある程度の年齢に達していれば、子どもの積極的な希望や意向も考慮し、面会交流を認めない場合があります。

■ 面会交流が認められるかどうか

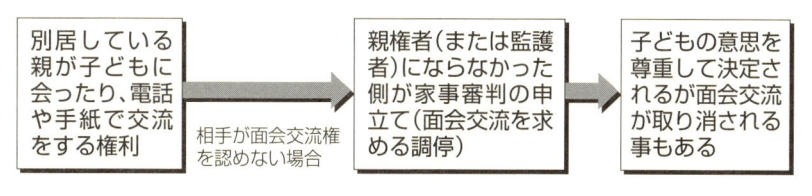

| 別居している親が子どもに会ったり、電話や手紙で交流をする権利 | → (相手が面会交流権を認めない場合) | 親権者（または監護者）にならなかった側が家事審判の申立て（面会交流を求める調停） | → | 子どもの意思を尊重して決定されるが面会交流が取り消される事もある |

第5章 ● 親権をめぐる問題

Question 14 元夫は、月2回の面会交流日に嫌がる子どもを無理やり連れ回します。面会交流を取りやめることはできるのでしょうか。

Answer 面会交流は、理由があれば取りやめたり、変更することができます。

　面会交流について、「親権者にならなかったからといって、子どもと会うことを制限されることはないだろう」などと安易に考えている人も少なくありません。あらかじめルールを定めておかなかったために、後でトラブルになるケースは意外に多いものです。このような場合には、話し合いで考え直すことが必要です。話し合いがまとまらない場合は、家庭裁判所の調停手続きを利用して双方が納得の上で問題が解決できるよう助言やあっせんを得るのがよいでしょう。離婚の際に、話し合う機会がもてなかったような場合でも、面会交流調停を申し立てることは可能です。
　ルールを定めていたとしても、「教育上好ましくないことをふきこみ、子どもに悪影響を与えている」「ルールを無視して、いつまでも子どもを返さないため、学校を休みがちになっている」「子どもが会うのを嫌がるようになった」という場合には、面会交流の停止や取消を検討する必要があるといえるでしょう。
　あるいは、子どもを引き取った親が再婚し、子どもも再婚相手を実の親と思って暮らしているような場合も、別れた親と会うことがかえって子どもにマイナスになるケースもあります。
　一度調停で決定された面会交流についても、その後の事情によっては取り消すことも可能です。

Question 15 調停離婚で妻が親権者となりましたが、私と子どもとの面会をじゃまして会わせようとしません。何とか守らせたいのですが。

Answer 家庭問題情報センターへの相談や、家庭裁判所への調停の申立てによって解決できる可能性があります。

　たとえば、「調停離婚した結果、妻が親権者となるが、私は子どもと月1回は面会できることになった。ところが、最近は、子どもの体調や用事を理由に、子どもと会わせてくれない。何とか守らせることはできないか」というケースを考えてみます。

　まず、相手に理由を問いただしてみるべきでしょう。もし、元妻があなたと子どもだけの面会に対して不安を覚えているようでしたら、「家庭問題情報センター」（電話03-3971-3741）に相談するのも1つの方法です。ここでは元家庭裁判所の調査官が相談に応じ、面接場所の提供、立会いといった支援をしてもらえます。

　ご質問のケースは調停離婚なので、調停が成立して調停調書が作成された際に、面会交流について記載されているはずです。そのため、それを根拠に子どもとの面接を求めることができます。

　それでも元妻が面接を妨害する場合、調停を申し立てて面会交流を求めることもできます。申立先は、元妻の住所地を管轄する家庭裁判所です。申立てを受けた家庭裁判所は、元妻から意見を聞いた上で、事情を調査します。その際、子どもが両親の対立・利害関係に巻き込まれることなく、面接によって子どもの生活が害されないか、といった面も含めて判断されます。

Question 16 妻が引き取って面倒を見ている子どもを、なんとか私の方で引き取れないものでしょうか。

Answer 引き取ることは可能ですが、親権者と監護者の関係によって対応が異なります。

　離婚する夫婦に子どもがいる場合には、離婚するときに、親権者・監護者を決定します。もっとも、離婚後に状況が変化し、「離婚時に引き取らなかった子どもを、やはり引き取って育てたい」と思い直すことはあります。このような場合、現在、親権者・監護者がどちらであるかによって対応の仕方が変わってきます。離婚後に子どもを引き取る手続きについては、親権者と監護者の関係によって異なるからです。

① 親権者の変更を伴う場合

　別れた元妻が親権者である場合で、あなたに親権を移すときは、戸籍の変更が必要になります。そのため、親同士の話し合いだけですませることはできません。家庭裁判所の親権者変更の調停または親権者変更の審判を経なければなりません。その際、家庭裁判所では、子どもの福祉にとって最もよい方法をとることになります。

② 親権者の変更を伴わない場合

　元妻が親権者であなたが監護権だけを取りたい場合、または、あなたが親権者で監護者である元妻から監護権を移したい場合には、話し合いだけでも監護権を移転することはできます。話し合いがつかなければ、調停か審判を申し立てます。

Question 17 外国人女性と結婚し、子どももできましたが、離婚を考えています。子どもの親権は、どのように解決すればよいのでしょうか。

Answer 子どもが日本国籍をもっていれば民法に従います。

　まず、どの国の法律に準拠するかを決めなければなりません。親子間の法律関係については、①子どもの本国法が父または母の本国法と同じ場合には子の本国法による、②そうでない場合には子どもが相当期間居住していた地（常居所地）の法による、と定められています（法の適用に関する通則法32条）。

　質問のケースでは、子どもの父親であるあなたが日本人なので、子どもは日本国籍を有していて、本国法は日本法になります。父親の本国法も日本法なので、日本法つまり民法が適用されます。民法によると、父と母のいずれかが親権者となることができます。ただ、子どもの親権者の指定ができる裁判所は、どこの国の裁判所になるのかという問題については、明確に規定した法律はありませんが、過去の判例によると、子どもの住所地を管轄する裁判所が管轄権をもっており、親権者を指定することができるとする傾向があります。たとえば、子どもは両親と一緒に日本で生まれ育っているとすると、日本が住所地です。そこで、日本の裁判所が、子どもの親権者を決めることができます。ですから、子どもの親権者の決定について、協議が成立しない場合には、日本の裁判所に対して調停や審判を申し立てることができます。

Question 18 親権者であった、別れた夫が死亡しました。子どもの親権者になることはできますか。

Answer 残った親が当然に親権者になれるわけではありません。

　このケースは、多少難しい問題を含んでいます。まず、親権というものが、何よりも子どものことを第1に考えたものであることを念頭においで下さい。親権は必ずしも親の「権利」ではなく、親の社会的な「責任」なのです。

　離婚後は、親権者は親のいずれかとなり、離婚時に決定しなければなりません。そして、もしその親権者が死亡した場合には、「後見」が開始されます。後見人は、子どもの将来を考えて家庭裁判所が決定します。その際、必ずしも残った親が後見人に選ばれるとは限りません。いったん親権について定められ、それに従って生活しているものの、その親権者が死亡したからといって、残った親が親権者となるのは、子どもの福祉の観点から必ずしも適切ではないからです。たとえば、残った親が後見をするには相応しくない人物であったり、経済的に不十分な場合には、子どもの将来によくないと判断されます。仮に、後見人に選ばれたとしても、そのまま当然には、親権者にスライドすることはできません。

　もっとも、子どもの利益のために必要な場合には、子どもの親族（残った親）の請求によって、残った親を親権者とすることもできます。家庭裁判所に申し立てて審判が下り、それを戸籍係に届け出ることで、親権者となることができます。

第6章

離婚原因と離婚手続きをめぐる問題

Question 1 離婚するにあたっては、どんな方法があるのでしょうか。

Answer 裁判所に判断を委ねる場合もあります。

　日本の法律では、「家庭内で起こる問題についてはできるだけ当事者にまかせ、法律が立ち入るのは最終的な場面に限る」というのが一般的な考え方です。

　離婚も、当事者同士で話し合いをし、2人の間で話がまとまれば、たとえどのような理由であろうとも離婚することができます。このような離婚を協議離婚といい、実際に離婚する夫婦の9割以上が協議離婚によって離婚しています。協議離婚では、離婚届の用紙に必要事項を記入して提出すれば、離婚成立となります。

● 調停離婚とは

　夫か妻のどちらかが離婚したくない、あるいは、財産分与、慰謝料、養育費などの金銭的な問題や子どもの親権といった、離婚する上での条件についてもめた場合は、協議離婚というわけにはいきません。離婚の条件などでもめて、2人の間で話し合いがつかない場合は、まず家庭裁判所で離婚の調停をしなければなりません。これを調停前置主義といいますが、家庭裁判所で調停委員をまじえて話し合いを行い、ここで話し合いがまとまれば離婚することができます。これが調停離婚です。

● 審判離婚とは

　調停によっても話がまとまらず、調停委員が審判に回した方が

よいと判断した場合、あるいは離婚には応じるが、金銭問題で解決がつかないといった場合には、家庭裁判所が審判をする場合もあります。この審判による離婚を審判離婚といいます。

審判は、文字通り家庭裁判所が「審判を下す」のですから、話し合いは行われませんが、審判の結果に納得がいかなければ不服を申し立てて、訴訟を起こすことができます。

●裁判離婚とは

調停で話し合いがつかない、裁判所の審判にも納得がいかない、ということになれば、最終的には離婚訴訟を起こして離婚の請求をすることになります。これが裁判離婚です。

ただし、訴訟を起こす場合には、法定離婚事由（法的に定められた離婚理由）がなければなりません。法定離婚事由については、128ページでとりあげていきます。

■ 協議離婚・調停離婚・裁判離婚

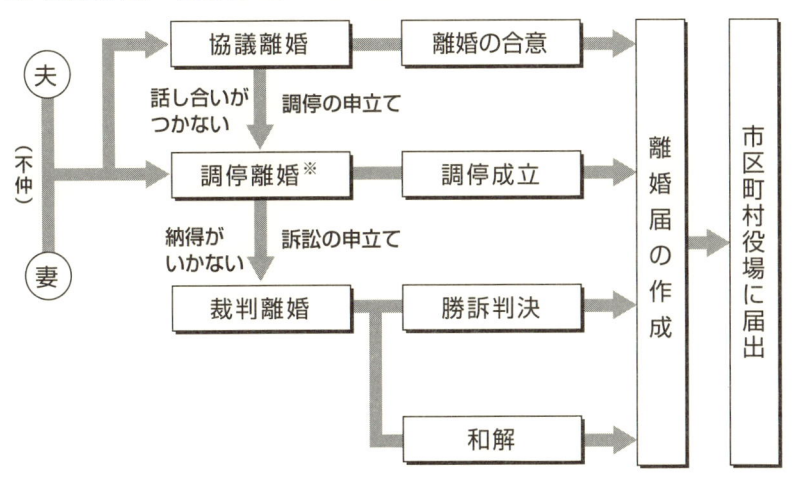

夫（不仲）妻 → 協議離婚 → 離婚の合意 → 離婚届の作成 → 市区町村役場に届出

話し合いがつかない／調停の申立て → 調停離婚※ → 調停成立

納得がいかない／訴訟の申立て → 裁判離婚 → 勝訴判決

和解

※調停がまとまらなかった場合に審判離婚が行われることもあるが、実務上審判離婚はあまり一般的ではない。そのため、調停が成立しなかった場合には、裁判離婚となるのが通常。

第6章 ● 離婚原因と離婚手続きをめぐる問題　123

Question 2 離婚届を提出するにあたっては、どんなものが必要になるのでしょうか。

Answer 戸籍謄本などの準備をしておきましょう。

　協議離婚の際は、夫婦双方で離婚の意思をきちんと確認した上で離婚届を作成し、役所（役場）へ提出します。離婚届の用紙は役所に行けば無料で手に入ります。

　また、本籍地以外の役所に離婚届を提出する場合は、届出をするには戸籍謄本も必要ですから、あらかじめ本籍地の役所からとり寄せておきます。ちなみに、戸籍謄本は本人以外の人が入手するのはやっかいなので、自分で請求するようにしましょう。海外に在住している場合は、その国に駐在する日本の大使、公使、領事に届け出れば入手できます。子どもがいる場合は、離婚後の親権者になる者の氏名と、その親権に服する子の氏名を記載します。親権者が決まっていないと離婚届は受理されませんので、事前にきちんと協議しておいて下さい。協議離婚の場合、届出には証人が２人必要です。証人は成人であることが条件で、証人の生年月日、住所、本籍の記載と署名押印（認印でよい）をします。

　役所の窓口で提出された離婚届は、必要事項が記入されているかどうかの形式的なチェックだけで、実質の審査はせずに受理されます。届書は郵送でも受け付けてもらえますが、届出人が郵送後に死亡し、その後離婚届が届いた場合でも受理されます。この場合は死亡時に届出があったものとみなされます。

Question 3 離婚には双方が同意しましたが、金銭面の折り合いがつきません。手続きだけを先にすませ、他は後で決めてもよいのでしょうか。

Answer 後々話し合いがこじれる可能性があるため、できれば離婚手続き前に決めるのが得策です。

　財産分与や生活費などの細かい取り決めを行わなくても、協議離婚によって離婚を成立させることはできないことはありません。しかし、特に金銭面の話は後々こじれると解決が難しくなるため、離婚手続きの前に解決するのが望ましいといえるでしょう。このとき、条件での折り合いがつかないのであれば、家庭裁判所に調停を申し立てて、調停委員を交えた協議をすることができます。調停手続きは低料金で申し立てることができますし、話し合いは非公開ですので便利な手続きです。事情があり、離婚手続きのみ先に済ませた場合には、財産分与は離婚から２年以内、離婚に伴う慰謝料請求は離婚から３年以内であれば請求可能です。養育費は子どもが成人するまで可能ですが、請求せずに過ごした時間分については遡っての請求が難しくなる可能性がありますので、相手方から支払われない場合にはなるべく早期に請求をすべきです。

　これらの場合にも、家庭裁判所での調停手続きを利用することができます。調停申立ての際には相手方の住所などを記載することになりますので、居場所を把握しておく必要なども出てきます。調停による取り決めは、調停調書にまとめられます。調停成立後に取り決めが守られない場合には、裁判所に申し立て、履行勧告、履行命令、強制執行等を検討することになります。

Question 4 話し合いで離婚することにしました。財産分与の内容も決めましたがまだ口約束だけです。書面を作成する必要はありますか。

Answer 協議離婚でも取り決めたことは書面化しましょう。

　離婚する夫婦双方の性格や離婚の理由、あるいは別れるときの状況にもよりますが、たとえ協議離婚で、お互いに納得し合って、何の問題もなく離婚するとしても、取り決めたことはきちんと書面で残しておくべきです。特に要注意なのが、財産分与や養育費といった金銭にからんだ問題です。離婚届には親権者だけを記入すればよいことになっていますから、財産分与などについては、その場の流れで適当に、口頭で話して終わりにしてしまう人も多いのですが、これが実はとても危ういのです。

　離婚後も、お互いに誠実な人間関係を続けていくというカップルももちろんいると思いますが、実際には、離婚後は全くの他人になってすっかり距離ができてしまい、口頭で交わした約束などうやむやにしてしまうようなケースの方が多いのです。特に支払う側が再婚した場合、新しい家族を養うのに精一杯で、別れた相手に対する金銭的なやりとりがおざなりにされてしまうという可能性も十分あり得ます。ですから、財産分与や養育費のような金銭的なことはもちろん、子どもに関することなど、離婚後にトラブルのもとになりそうな問題については、合意書（194ページの離婚に伴う公正証書参照）のような形で、あらかじめ書面として残しておくように心しておきましょう。

そうすれば、万一相手が取り決めに反するような行動に出た場合でも、書面という証拠によって、裁判で自分の言い分の正当性を主張できます。もっと万全を期すのであれば、その書面を「公正証書」にして残しておくとよいでしょう。金銭面でもめるようなことが起きても、「金銭債務を履行しないときは、直ちに強制執行に服する」といった一文を入れることができますので、その場合は強制執行によって財産の差押などが可能です。

　なお、後日になって、財産分与や養育費の支払滞納といったトラブルが生じた場合には、改めて支払催告書などの書面を送付して対応を検討することになります。

●合意書に残しておくべきこと

　財産分与や慰謝料、それに子どもの養育費といった金銭的な事柄については、「支払金額、支払時期、支払方法」を具体的に記載します。

　また、未成年の子どもがいる場合は、親権者をどちらにするのか、親権者と監護者を分けるかどうか、親権者だけが子どもの養育をする場合、子どもを引き取らなかった側はどのように子どもと会うのか、などの細かい点まで記載すべきです。

■ 財産分与の支払催告書

```
　　　　　　　催告書
平成〇年10月1日、私とあなたは協議離
婚をしました。その過程で離婚の条件として
申し伝えたとおり、私はもともと離婚の意思
はないものの、あなたの強い意思により、財
産分与及び慰謝料の支払いを条件として離婚
に応じたものです。
にもかかわらず、本日現在、いまだ財産分
与分1000万円、慰謝料分500万円、合
計1500万円が支払われておりませんので
、本書到着から2週間以内に全額支払うよう
に催告いたします。
平成〇年11月1日
　　　　東京都鶴区亀町〇丁目〇番〇号
　　　　　　　　　甲野　太郎　印

　　　　東京都松区竹町〇丁目〇番〇号
　　　　甲野　花子　様
```

Question 5 私の妻は、ある新興宗教の布教活動に飛び回り、家事や育児はそっちのけです。こんなことが離婚理由になるのでしょうか。

Answer 裁判所が、「婚姻を継続しがたい重大な事由」があると判断すれば、離婚できます。

　離婚訴訟を起こすには、民法で定められた法定離婚事由がなければ裁判は起こせません。法定離婚事由には129ページの図の5つがあげられます。⑤の「婚姻を継続しがたい重大な事由」とは、①から④までの事由にはあたらないが、夫婦生活が事実上破たんしている場合です。暴力や性暴力、性格の不一致、限度を超えた宗教活動、などいろいろな場合があり得ます。そうした事情の結果、2人の愛情が冷めきってしまい夫婦生活が修復不可能なほど破たんしている、と裁判所が判断した場合に離婚が認められることになります。

■ 婚姻を継続しがたい重大な事由

■**重大な病気や障害**
　看病などに誠意を尽くし、それ以上の負担を強いることが酷な場合（アルツハイマー病など）
■**暴力や性暴力**
　過度の性交渉の欲望に応じない妻に、その度に暴力を加えた場合
■**怠惰な性格や多額の借金**
　生活能力がなく怠惰な生活を続ける夫に、愛情を喪失し不信感が決定的になった場合
■**親族との不和**
　妻と夫の親族間の対立から別居し、別居2年に及んだケース
■**性格の不一致や思いやりのなさ**
　妻の病気の際にも、妻の食事の世話をしようともせず放置していた場合
■**常軌を逸した宗教活動**
　妻が宗教活動の集会に熱心に参加するうち活動がエスカレートし、家庭の安息が失われた場合

■ 法定離婚事由とその内容

①不貞行為があったとき	・不貞行為とは、ある程度継続的な肉体関係を伴う男女関係のことです。 ・夫の不貞行為も妻の不貞行為もどちらも離婚原因になります。 ・不貞行為の相手は特定の者か不特定多数であるかを問いません。 ・不貞行為は自由意思に基づいてする行為なので、レイプを受けたことは不貞行為になりません。
②悪意で遺棄したとき	・悪意の遺棄とは、夫婦の一方がその同居義務、協力義務、扶助義務を尽くさないことが非難に値する場合をいいます。 ・愛人のもとに入りびたって帰ってこない、実家に帰ったままなど故意に夫婦の義務を怠っている場合です。
③3年以上の生死不明	・生死不明とは、生存も死亡も確認できないことです。 ・最後の音信より3年経過した時点から離婚の原因として認められます。 ・生死不明の場合は別に失踪宣告の制度があります。これは7年間生死不明の人を家庭裁判所の宣告によって法律上死亡したものとする制度です。
④強度でかつ回復の見込みのない精神病	・回復の見込みのない強度の精神病とは不治の精神病のことです。 ・最高裁判所は「今後の療養、生活などについて具体的な方策を講じ、ある程度において前途に見込みがついた上でなければ」強度の精神病を理由とする離婚は認められないとしています。
⑤婚姻を継続しがたい重大な事由があるとき	・婚姻を継続しがたい重大な事由とは、上記の4つの離婚事由がなくても、夫婦の関係が修復不可能な程度にまで破たんし、婚姻を継続させることができないと考えられる場合をいいます。 ・性格の不一致、親族との不仲、暴力や虐待、常軌を逸した異常な性関係などがこれにあたります。

Question 6
私は子どもが産めません。夫と愛人の間に子どもができ、別居状態です。生活費はもらっていますが、どうすればよいのでしょうか。

Answer 別居期間が長引くと離婚原因になることもあります。

　まず、自分が妻としてどうしたいのかを考える必要があります。夫は貞操を守る、同居し協力して生活するという夫婦として当然守るべき義務を果たしていないわけですから、妻の気持ち次第で離婚を求めることも、愛人と別れて家に戻るように要求することもできるのです。離婚を請求する場合、相応の慰謝料や財産分与も請求することができます。たとえ、子どもが産めないことに関して責任を感じていたとしても、これは夫婦でよく話し合ってよりよい道を探すべき事柄ではあっても、夫から離婚を請求されたり、愛人を作ってもよいという理由にはなりません。

　一方、妻が離婚を望まないのであれば婚姻関係を継続することができます。有責配偶者（離婚原因となるような行為をした者）からの離婚請求は原則として認められていませんので、もし夫が離婚を求めてきても裁判所で認められない可能性が高いのです。ただし、別居期間が長くなって、夫婦の間に未成年の子どもがおらず、離婚後の相手の経済面を保証するといった条件がそろった場合は、有責配偶者からの離婚請求であっても認められる可能性があります。

　夫婦でよく話し合い、場合によっては調停を申し立てるなどして最善の方法を探して下さい。

Question 7 夫が出会い系サイトで知り合った女性とメール交換しているのを見つけました。裏切りは絶対許せないので別れたいのですが。

Answer 夫の行為は不貞とまではいえないので、離婚が認められる可能性は低いでしょう。

「交際中、夫はたびたび他の女性と肉体関係を持った。結婚したら浮気はもうしないから、と懇願されたので結婚した。それなのに、夫は、最近また出会い系サイトに登録までして、浮気相手を物色し始めている。現在妊娠しているが、絶対に許せないので離婚したい」というケースについて考えてみましょう。離婚することは、当事者同士で協議して話がまとまれば比較的簡単といえます。しかし、相手が拒否すると簡単には離婚できません。法律上は、離婚原因がなければならないとされているからです。「配偶者に不貞があったとき」も離婚原因の1つですが、法律的に不貞とは、性的な肉体関係つまり姦通行為のことをいいます。1度だけの肉体関係でも不貞にあたりますが、プラトニックな関係やキスをすることなどは不貞行為とはされません。あなたの夫の場合は、今のところ、下心はともかく、メール交換しているだけなので、不貞行為には至っていないということになります。

今はまだ婚姻関係が破たんしているとまではいえないので、裁判でも離婚が認められる可能性は低いと思われます。

不貞とはいえない今の段階では、話し合いで夫の態度を改めさせることも可能です。生まれてくる子のことも考えれば、夫婦関係を修復するための1歩を踏み出した方が賢明かもしれません。

Question 8 一度だけ女性と関係を持ってしまいました。妻は浮気したら離婚だと公言しています。発覚したら離婚しなければなりませんか。

Answer 離婚は婚姻関係が破たんしなければ認められないので、あなたが拒否すればとりあえずは結婚生活を続けられるでしょう。

1回の浮気でも、妻が離婚を請求し、夫がそれに応じるのであれば離婚は成立します。しかし、夫が離婚を拒んで調停・訴訟となった場合に、裁判所が1回の浮気ですぐに離婚を認めるかというとそうはならないようです。法律上、性的関係を伴う浮気のことを「不貞行為」といいます。民法では、不貞行為を裁判上の離婚原因に挙げていますから、たとえ1回でも不貞行為をされた相手は離婚を請求できます。しかし、離婚は当事者だけでなく周囲の人にも影響が及ぶ行為ですから、一時的な感情だけで安易に選択すべきではありません。裁判所ではこの考えに即して、冷静な判断を求める、という意味で1回の不貞行為では基本的に離婚を認めないという姿勢をとっています。

しかし、裁判所が離婚を認めず、とりあえず婚姻関係を保つことができたとしても、妻の心まで修復できるわけではありません。これが原因で妻の夫に対する愛情が冷め、別居状態に陥るなど婚姻関係が破たん状態になった場合には裁判所も「婚姻関係を継続しがたい重大な事由がある」として離婚を認める可能性が高くなります。婚姻生活の持続を願うのであれば、今後は誠意を持って妻と接することが大事でしょう。

Question 9

一度は夫の浮気を許しました。夫はそれを盾に離婚に応じようとしません。不信感から愛も冷めて、もうがまんできないのですが。

Answer 現時点で夫婦関係が破たんしているかどうかが問題となるので、現状では離婚は認められない可能性が高いでしょう。

　確かに、旧民法では、不貞を許した場合に離婚の訴えはできないとされていました。しかし、現在では、夫の過去の浮気を許したことを理由に、離婚が認められないということはありません。

　夫と離婚について調停・訴訟で争うことになった場合、裁判所は「今現在」離婚する理由があるかどうかということを問題とします。過去、夫がどのような状況で浮気をしたか、その後どのように関係を修復したかなどということを聞かれますが、それはあくまで過去の事象が現在の夫婦関係にどう影響しているかということを知るためです。ただ、そうだからといって、妻の要求通り離婚が認められるとも限りません。現在の状況からして離婚を認められるだけの理由があるとは言い切れないからです。

　調停や裁判では、公平に夫婦関係の破たんの程度が判断されます。夫が浮気相手と別れ、育児にも協力して家庭を大事にしようという姿勢を見せているのであれば、妻に対しても関係修復に向けて努力することを求め、離婚を認めないとする可能性が高いでしょう。しかし、それでも離婚したいというのであれば、「別居に踏み切る」「就職先を見つける」など、具体的な行動をして離婚の決意が固いことを相手に示していく他ないでしょう。

Question 10 妻とどうしても性格が合わないため、離婚したいと考えていますが妻は拒否しています。離婚するのは難しいのでしょうか。

Answer 裁判になった場合、すぐには離婚できない可能性があります。

　双方がお互いに夫婦生活を続けていくことができないと感じ、協議によって離婚に合意するのであれば、性格が合わないという理由でも当然離婚できます（協議離婚）。しかし、どちらか一方が離婚に納得できず、裁判となった場合、すぐには離婚は認められないでしょう。

　家庭裁判所にもちこまれる離婚動機のうち、最も多いのが男女共に「性格の不一致」です。離婚理由として認められる「性格の不一致」は、離婚事由の中の「婚姻を継続しがたい重大な事由」の１つということになります。

　ただ、そもそも夫婦は、全く違う環境で生まれ育った２人が互いの思いやりや努力によって１つの家庭を作り上げるものです。夫婦の性格が違うのはむしろ当然と言えるでしょう。特に最初のうちは料理の味付けや掃除の仕方など、細かい部分で違いがでてきてイライラすることも多いはずです。違いがあれば話し合い、お互いに譲れるところは譲り合って少しずつ擦り合わせていく努力が必要です。その努力もせず、単に「性格的に合わない」という理由で離婚訴訟を提起しても、裁判所は「婚姻を継続しがたい重大な事由がある」とは認めません。このため、離婚の請求は退けられる可能性が高いのです。

それでも「性格の不一致」を理由に離婚を請求するのであれば、具体的な会話、口論の内容などを述べることによって、それが作り話ではなく事実であるらしいという心証を裁判官にいだかせることが必要です。つまり、「性格や育った家庭環境が違うことを十分理解した上で、夫婦関係を続けていくよう努力をしたが、あまりにも性格が違うため、一緒には暮らすのはとうていムリだ」ということを証明するわけです。

　たとえば婚姻期間中につけていた日記ややりとりしたメールなどに口論の内容や感じ方の違いなどが記載されていれば、それが１つの証拠になります。夫婦間のことを誰かに相談したことがあれば、相談相手に証言してもらうという方法もあります。離婚を考え始めた段階で、口論するときにその内容を録音もしくは録画しておくと、裁判所が客観的に状況を把握することができますので、より効果的でしょう。

　特に、「相手の性格のせいで病気を発症した」「相手の性格が一般的に見ても異常だ」という証拠があるなど、これ以上一緒に生活することは困難だと認められるような事情があれば、離婚が認められやすいといえます。

　このような事情がないのであれば、まず妻と協力し合う方法がないか話し合いましょう。お互いの思いを伝え合うことは、夫婦生活を続けていく上で最も大事なことです。それでも折り合いがつかず、離婚しかないと思うのであれば、すでに話し合いをしたことを訴え、なぜ婚姻生活を続けられないかを１つひとつ証明していく他ありません。

　なお、証人として子どもを呼び出すということはまずありません。子どもが証人として中立の証言をするかどうか保証できませんし、子どもにとって過度の負担を伴うという理由からも、子どもの証言をとるということは難しいとされています。

Question 11 夫から愛人と結婚するために離婚したいと言われました。私は納得できないのですが、離婚に応じなければなりませんか。

Answer 原則として有責配偶者からの離婚請求は認められません。

　夫婦のうち、婚姻の破たんについて責任がある人のことを「有責配偶者」といいます。たとえば、夫の浮気が離婚の主原因だった場合、夫が有責配偶者となります。今回のようなケースは、有責配偶者からの離婚請求と呼ばれています。

　離婚の協議や調停の申立てがあった場合、双方が合意すれば離婚は成立します。有責配偶者からの離婚請求であったとしても、相手がそれを承諾すれば離婚は成立するわけです。一方、合意ができなかった場合には、家庭裁判所に訴えを起こすことになります。

　日本では、かつては有責配偶者からの離婚請求は認めないという原則がとられてきました。しかし、最近は、回復の見込めない破たんした婚姻生活の場合には離婚を認めるというのが裁判所の立場です。これは、実質は完全に破たんしている夫婦が戸籍上だけ婚姻関係を保っていても、本人にも周囲の人間にも何の利益にもならないという判断によるものです。ただ、破たんに責任のない配偶者が反対しているにも関わらず、すぐに有責配偶者からの離婚請求を認めるということはなく、一定の条件を満たすことが必要とされています。

　判例上、一定の条件として認められた例としては次のようなも

のが挙げられます。
① 夫の不貞行為と婚姻生活の破たんとの因果関係が認められない場合
② 双方に婚姻の破たんについて同程度の責任がある場合
③ 別居期間が相当に長期間に及び、かつ未成熟の子どもがない場合

　たとえば今回のように夫が愛人を作り、愛人と結婚したいがために離婚したいといったようなケースでは、夫からの離婚請求は原則として認められません。しかし、①夫に愛人ができたのが、夫婦関係が完全に破たんしていると判断される時期だった、②妻が夫に対して暴力をふるう、浪費癖があり家族を経済的に困窮させたなど、婚姻生活を破たんさせる原因が妻の側にも十分にあった、③別居が相当長期（6～8年）に及び、未成熟の子どもがなかった、などの状況が確認されれば、有責配偶者である夫の離婚請求が認められる可能性もあるということです。

　一方、夫婦の双方に離婚の原因がある場合もあります。たとえば、夫が愛人との同棲生活を始めて3年、愛人に子どもができたので離婚して欲しいと言ってきたが、夫婦の別居の原因が数年前の妻の浮気にあるというような場合です。

　この場合、夫は有責配偶者ですが、妻も浮気をしていた、という事情がありますから、夫からの離婚請求が認められる可能性は高いでしょう。ただ、浮気が1回限りのことで、その後は夫婦関係を修復するための努力をしていると認められた場合には離婚が認められないこともあります。

　いずれにせよ、夫からの離婚請求に納得できないのであれば、すぐに離婚に応じる必要はありません。まずは話し合いを行い、合意できなければ裁判所の力を借りることを検討するのがよいでしょう。

Question 12 妻が認知症を患っています。最近は夫の私のことも認識できなくなり、精神的に辛いので離婚したいのですが可能でしょうか。

Answer 容易には離婚できませんが、認められることもあります。

　認知症の場合、本人の意思を確認することは年々難しくなっていきます。つまり、病気が進めば進むほど協議離婚をすることはできなくなるということです。どうしても離婚したい場合には訴訟となりますが、認知症の場合は、本人自身の責任ではありませんから、「不貞」や「悪意の遺棄」のような責任の有無の問題とは全く異なります。この場合、民法770条1項4号の「配偶者が強度の精神病にかかり、回復の見込みがないとき」もしくは、5号の「その他婚姻を継続し難い重大な事由があるとき」に、妻または夫が認知症であることが該当するかどうかが判断基準となります。

　認知症かどうかの診断は医師がするものですし、本当に回復の見込みがないかどうかも、そう簡単に判断できるものではありません。ですから、配偶者が認知症で入院したなどの理由ですぐに離婚請求をしても、認められることはまずないといってよいでしょう。また、仮に「強度で回復の見込みがない」と判断されても、離婚後の療養や生活などについて、ある程度相手の生活のめどがついた場合でないと、裁判所はなかなか離婚を認めません。

　しかし「回復の見込みがない強度な精神病」に該当しなくても、認知症のため「婚姻を継続しがたい重大な事由」が生じていれば、その事由によって離婚が認められることもあります。

Question 13

うつ病の妻を5年間看病してきましたがなかなか回復せず、私も疲れ果ててしまいました。病気は離婚の理由として認められますか。

Answer

病気だけを理由とした離婚の請求は容易には認められません。

まず当事者同士で協議して、離婚の合意が成立しないのであれば、調停・裁判ということになります。裁判離婚が認められるには、離婚できる正当な理由があることが必要です。正当な理由として認められるものとしては、①不貞行為、②悪意の遺棄（同居し、協力して生活することを一方的にやめる）、③生死不明が3年以上続くこと、④重度の精神病で回復の見込みがないこと、⑤その他婚姻を継続できない重大な事情があること、が挙げられます。

今回の場合、妻のうつ病が回復の見込みがないかどうかが問題となります。この点について、裁判所はかなり病人に有利なように判断する傾向にあります。これは、病気にかかるのは本人の責任ではなく、離婚の責任をすべて病人に負わせるのは酷であるとの考え方によるもののようです。精神病を理由とした離婚が認められるためには、通常、2年から3年治療を続けても回復の見込みがないと医師に診断されたり、離婚後の病人の生活を他方がある程度補償したりすることが必要とされます。

今回の場合、まだ回復の見込みがないとは言い切れず、うつ病を理由とした離婚は難しいでしょう。それでも離婚を望むのであれば、金銭的な援助を申し出るか、病気以外の「婚姻を継続しがたい理由」を併せて主張し、裁判に臨むしかありません。

Question 14
覚せい剤所持で逮捕されました。2度目なので実刑が確実です。妻から離婚を切り出されましたが、私はそうしたくないのですが。

Answer
犯罪を原因とする「婚姻を継続しがたい重大な事由」があるとされる場合には、離婚が認められる可能性もあります。

　あなたが、服役を免れないので離婚されても仕方がないと納得するのであれば、離婚は成立しますが、認めたくないのであれば裁判で判断してもらうこともできます。ただ、離婚訴訟になった場合、夫と妻、どちらの主張が認められるかは、犯罪の内容や服役期間、夫のその後の生活態度などによって異なります。

　服役したことや前科があるという事実だけを理由とする場合、裁判所は離婚を認めないと思われます。民法でも、犯罪に関わったことを裁判上の離婚理由とは規定していません。ただし、夫が服役したり前科があることで、「婚姻を継続しがたい重大な事由」が生じた場合は、話が違ってきます。たとえば、刑期が長い、凶悪犯罪を犯したことが報道され、家族の日常生活に支障がある、軽微でも許しがたい犯罪を繰り返し、反省がない、といった事情がある場合は、離婚を認められる可能性が高いでしょう。

　今回の場合は、服役を理由に妻が裁判所に離婚を申立てたとしても、すぐに離婚が認められる可能性は低いといえます。

　しかし、服役しても反省が見られず、生活態度を改めないといった事情がある場合は離婚が認められることになるでしょう。

　結局は、今後のあなたの姿勢次第だといえます。

Question 15
私の浮気が原因で別居しました。別居後に、夫と愛人との間に子どもができ、離婚を切り出されました。応じなければなりませんか。

Answer
有責配偶者からの離婚請求は原則として認められませんが、双方に責任がある場合は認められる場合があります。

　有責配偶者からの離婚請求は、原則として認められていません。ただし、一定の条件に合致する場合は裁判所でも離婚を認めたり、離婚による和解をすすめる可能性があります。まず、離婚を請求された相手側にも離婚原因の責任がある場合です。事例では妻も浮気をしていますから、夫の請求が認められるかもしれません。ただし、浮気が1回限りで、その後は夫婦関係を修復するための努力をしているのであれば、離婚が認められないこともあります。一方、離婚を請求された側に何の責任もなくても、有責配偶者からの離婚請求が認められることがあります。夫婦が相当の長期間（6～8年でも離婚を認められた判例があります）別居を続けている、夫婦の間に未成年の子がいない、離婚を請求された相手方が、離婚によってひどい生活状態に陥らない、という3つの条件を満たす場合です。これは、実質は完全に破たんしている夫婦が戸籍上だけ婚姻関係を保っていても、本人にも周囲の人間にも何の利益にもならないという判断によるものです。たとえば、夫婦に未成年の子がおらず、夫が経済的な面で妻への配慮を約束してくるのであれば、離婚を認める判決もしくは離婚による和解を勧められる可能性が高いでしょう。

Question 16 息子に対する虐待を理由として、夫に離婚を求めた場合、認められるのでしょうか。

Answer 虐待の事実が認められ、改善の可能性がなければ認められる可能性は高いでしょう。

　たとえば夫が「しつけのため」と称して息子さんにきつくあたっている場合、夫には悪いことをしているという自覚がないこともあります。このような場合、たとえ裁判所を通して離婚を請求したとしても、夫に子どもへの愛情があり、家庭生活を継続させる意思がある、と判断されて、すぐには離婚を認められないかもしれません。しかし、虐待としつけは全く別のものです。夫に誤りを気づかせ、子どもの安全と精神的安定を図ることが最も優先されるべき事項だと思われます。夫婦で話し合いをしても夫の暴力がやまない、という場合には児童相談所や民間の相談機関（家庭問題情報センター http://www1.odn.ne.jp/fpic/、児童虐待防止協会 http://www.apca.jp/など）、各地の保健所などに相談し、子どもの一時保護や家族全員でのカウンセリングを受けることも考えてみましょう。さらに、夫婦間の話し合いの場として家庭裁判所に「夫婦関係円満調整」を目的とした調停を申し立てるのも1つの方法です。調停が「暴力行為をやめるように」という内容で成立し、夫が態度の改善を約束したにも関わらずその後も虐待が続くようであれば、裁判上の離婚理由の1つ、「婚姻を継続しがたい重大な理由」（民法770条1項5号）があった、として離婚が認められるでしょう。

Question 17 夫婦の間では離婚に同意しているのですが子どもが反対しています。子どもが同意しないと離婚できないのでしょうか。

Answer 法律的には離婚に子どもの同意は必要ありません。

　子どものために離婚を考える事例もあれば、逆に、子どものために離婚を思いとどまるケースもあります。たとえば子どもが明確に離婚に反対している場合です。子どもの反対が離婚を思いとどまる精神的な動機になることは多いでしょうが、法律上は夫婦の離婚について子どもの反対が障害になることはありません。離婚は夫婦の双方に離婚の意思があること、離婚届が役所で受理されることという2つの要件を満たせば成立します。

　これは、夫婦関係はあくまで当事者だけの問題であり、たとえ親や子どもであっても立ち入るべきものではない、と考えられているためです。ただ、夫婦の間に未成年の子どもがいる場合、夫婦は父母として協力して子どもを養育する義務を負います。離婚してどちらか一方が親権を持つことになったとしても他方がこの義務を免れるわけではありません。

　ただ、子どもが離婚に反対しているのであれば、まず子どもの思いを汲んで、なぜ離婚に反対するのかじっくり聞いてみましょう。そして、その反対を押してもなお夫婦が離婚しなければならない理由があるのかどうか、もう一度話し合う必要があるでしょう。それでも結論が変わらなければ、せめて離れて暮らすことになる親子が面会できるよう、話し合いをしておきましょう。

Question 18 育児に協力しないばかりか、私を家政婦扱いする夫との生活に疲れてしまいました。離婚を考えていますが認められるでしょうか。

Answer 婚姻を継続しがたい状態であると判断されれば認められる可能性があります。

　夫婦には相互扶助義務があります。日本では昔は、夫は外で働き妻は家庭を守るというのが一般的な家族のスタイルであり、夫婦がそのように役割分担して義務を果たすのが当然だと思われていました。近年は男女同権の考え方が定着し始め、共働き夫婦も増えてきましたが、それでも「家事・育児は女の仕事」と考えている人はまだまだ多いようです。裁判所というのは、社会通念を基準に判断することが多いので、ただ「夫が育児に協力しないから」という理由で離婚を求めても、簡単には認められないでしょう。共働きで経済的に対等に家庭に貢献している夫婦よりも専業主婦家庭の方が離婚を認められない傾向が強いようです。

　しかし今回の場合、夫が育児に協力しないばかりか、ねぎらいの気持ちさえ表さないことで、妻の夫に対する信頼感が損なわれていることも事実です。まずは、「このような状態は耐え難い」ということを夫に伝えてみて下さい。

　また、公的制度や民間の育児サービスの利用も含めてサポート体制を作ることを相談しましょう。それでも夫が相談に乗らず、協力する姿勢が見えないようであれば、家庭の維持に対する協力義務を果たしていないことを理由に「婚姻を継続しがたい」と主張し、離婚を請求するとよいでしょう。

Question 19 就職も家事もしない夫に離婚を請求することはできるのでしょうか。

Answer　「悪意の遺棄」が認められる可能性があります。

　仕事を理由に家事をしない夫は世の中にたくさんいますが、リストラや倒産を機に無気力になり、家事はおろか仕事もしなくなってしまう夫もいるようです。

　このような場合妻が働きに出るケースが多いようですが、妻にかかる負担は相当大きくなります。たとえば、夫は家事に協力する様子もなく、子どもも妻の実家に面倒を見てもらわなければならないというような状態の場合、到底夫が相互扶助義務を果たしているとは言えません。このような場合、裁判所できちんと主張すれば、離婚を認められる可能性は高いでしょう。

　この場合、離婚理由として主張できるのは「悪意の遺棄」（民法770条1項2号）です。「悪意の遺棄」は、夫婦の一方が正当な理由もなく家族を置いて出て行ってしまう、というような行為の他、病気など正当な理由もないのに就職をしない、家庭の維持のために何の努力もしない状態が1年以上も続いているというように、一方的に相互扶助義務を放棄している場合にも認められます。

　調停などで話し合いをしていくうちに、夫に就職先を見つけてくるなどの行動が認められれば話は別ですが、再三の要求にも関わらず、夫婦関係の改善に向けた具体的な努力が見られないのであれば離婚できるでしょう。

Question 20 夫に結婚前の借金があることが最近わかりました。大事な問題を隠していた夫に不信感が募っています。離婚できるでしょうか。

Answer 独身時代の借金を隠していたというだけでは、離婚はできないでしょう。

「まじめだと思っていた夫に、最近、独身時代に海外旅行に何度も行ったためできた借金が200万円もあることがわかった。信頼していただけに不信感が募る毎日……。借金を返済するとなると、生活も苦しくなってしまう。結婚前の借金を理由に離婚はできるだろうか」というケースについて考えてみます。

まず、独身時代の借金を隠し続けていたというだけでは、すぐには離婚事由とはならないでしょう。裁判となっても、「借金問題以外に結婚生活を維持していく上で支障となるような事情はない」として、離婚は認められないと思われます。ただし、今後、借金を隠していたことにより夫への信頼を全く失ったり、返済不能のため差押や破産手続開始決定を受けるなどして、結婚生活が破たんした場合には、離婚が認められる可能性は高くなります。

少し法律を離れて実際的な助言になりますが、配偶者の独身時代からの借金は借りた本人に支払義務があるものなので、まず夫に自らの責任で返済してもらうことを考えたらいかがでしょうか。当面は、夫の親などに肩代わりしてもらい、少しずつ返していく、などということも現実的な解決方法かもしれません。

なお、万一離婚した場合、結婚前からの夫の借金の返済請求を第三者から受けることはないので、安心して下さい。

Question 21 夫の浪費癖がひどく、いくら言っても聞いてもらえず、精神的に追い込まれています。離婚できるでしょうか。

Answer 裁判で、浪費癖が婚姻を継続しがたい重大な理由として認められれば、離婚が認められます。

　裁判を提起して、離婚が認められるには、浪費癖が離婚事由の「その他婚姻を継続しがたい重大な事由がある時」に該当し、夫婦関係の修復が、不可能な状態である事が認められる必要があります。

　浪費癖により必要以上に支出しているといっても、その支出が、夫婦が日常生活を送るために必要な費用であれば、夫婦の共同の負担になります。たとえば、食費、家賃、日用品の購入、医療、教育の費用などです。たとえ、消費者金融から勝手に借金したとしても、住居のローン返済や教育費に使ったのであれば、夫婦が共同で返済義務を負うことになり、離婚事由には該当しません。

　ただし、必要以上に浪費していて、説得を試みているものの、浪費が続いていて、生活を維持していくのが困難な経済的な状況であれば、離婚が認められる可能性があります。ただし、裁判では、このようなケースでも夫婦関係の修復が可能と判断されれば、離婚が認められない場合もあります。

　また、日常生活に関係のないものに浪費し、さらに、消費者金融の催促に追われ、社会生活ができないほど生活が脅かされているような状態であれば、「婚姻を継続しがたい重大な事由」以外に、「悪意の遺棄」があるとして、離婚が認められる可能性があります。

Q22 同居する独身の義姉が、私の容姿や実家の家柄について口汚く罵るのに、夫は止めようともしません。離婚はできるでしょうか。

Answer 「婚姻を継続しがたい重大な事由」となり、離婚できる可能性が高いと思われます。

　同居の義姉が、あなたに何かと言いがかりを続けているというのに、夫は何もしてくれない、とのことですね。
　そもそも婚姻・離婚は当事者自身の意思のみに基づいて行うものであり、他人の介入を理由に行う性質のものではありません。今回の場合、直接のきっかけは小姑の嫌がらせですから、離婚の理由とは認められません。しかし、このケースでは夫の姿勢に問題があります。妻が小姑の嫌がらせに苦しみ、助けを求めているにも関わらず妻にがまんを強いるだけで何の対策も講じていません。信頼して結婚を決意した相手が困っているときに支えになってくれない、というのは精神的にも大きな苦痛です。夫が円満な婚姻生活を続けるための協力義務を果たしていないと見ることができます。妻が夫に離婚を請求する際には、この協力義務違反をあげ、「婚姻を継続しがたい重大な事由」があると主張できます。この場合、夫に対して慰謝料を請求することができる可能性もあります。
　当事者間の話し合いや調停の結果、夫が小姑に嫌がらせをやめるよう強く要求したり、頻繁に行き来ができないような場所に転居するなど、具体的な努力を示したのであれば話は違ってきますが、状況の改善が認められない場合は裁判所も離婚を認める場合があると思われます。

Q23 夫が同性愛者だとわかりました。夫は不倫ではないと開き直っていますが、離婚することはできますか。

Answer 両者の協議で離婚が成立しなければ、離婚訴訟を提起することになります。

まず、夫婦間の話し合いをしましょう。夫が同性愛をやめる事ができず、妻がそれを容認することができないということで双方が離婚に同意するのであれば協議離婚が成立します。夫が離婚を拒む場合は、家庭裁判所に調停を申し立てて下さい。調停の話し合いで決着すれば離婚は成立します。これを調停離婚といいます。

問題は、当事者間の話し合いでも調停でも合意できなかった場合です。この場合は、訴訟を提起することになります。裁判で離婚が認められるのは、①不貞行為があった、②悪意の遺棄があった、③3年以上生死不明である、④強度の精神病にかかり、回復の見込みがない、⑤その他婚姻を継続しがたい重大な事由がある、という5つの場合だけです。

今回の場合、同性愛が②の不貞行為、もしくは⑤の重大な事由にあてはまるか、ということが争われることになるでしょう。同性愛が不貞にあたるかどうかは判断が難しいところですが、女性の立場にしてみれば「夫が同性愛に走っていることが耐え難い」というのはごく一般的な感情でしょうし、婚姻を継続できないと感じても仕方がないと思われます。したがって裁判所が離婚を認める可能性は高いでしょう。

Question 24 夫は支配的な性格で、気に入らないことがあるときつい暴言で私を責めます。暴力はないのですが、DVにあたりますか。

Answer DVにもいくつかの種類がありますが、精神的な暴力もDVにあたります。

　ドメスティックバイオレンス（DV）と言うと、骨折などの重大なけがを負うほどの暴力行為を想像しがちですが、そうではありません。配偶者からの暴力の防止及び被害者の保護等に関する法律（DV防止法）では、「配偶者からの暴力」について、「配偶者からの身体に対する暴力又はこれに準ずる心身に有害な影響を及ぼす言動」と定義しています（1条）。つまり、暴言や強迫など、強い精神的ストレスを与える行為もDVにあたるということです。

　具体的には次のような行為がDVと判断されます。

① **身体的なもの**

　殴る、蹴る、髪をひっぱる、ものを投げつけるなど、身体に直接攻撃する行為が挙げられます。切り傷や打撲など、暴力行為を受けたことが目に見えるような跡が残っていなくても、刃物をつきつけられたなど、身体に危険が及ぶ恐れのある行為であれば、身体的なDVと判断されます。

② **精神的なもの**

　大声でどなる、高圧的な物言いをする、無視をする、行動を細かくチェックする、外部との接触を制限する、秘密をばらすと言って脅すなど、精神的に大きなストレスを与える行為が挙げられます。

③ **性的なもの**

拒否している相手に対して性行為を強要する、特殊な行為を求める、避妊に協力しない、中絶を迫るなどといった性的な嫌がらせの行為が挙げられます。

④ **経済的なもの**

生活費を渡さない、仕事をやめさせるなど、経済面で過度の負担をかけること行為が挙げられます。

DVの被害者は、加害者に対する恐怖心や、「自分の態度が悪いからこんな風に責められる」「自分さえ我慢していればいつか変わってくれる」といった自尊心の喪失などによって、正確な判断ができず、その場から逃れられない状況に陥っています。第三者から見れば明らかにDVを受けているにも関わらず、それに気づいていないケースも多いので、少しでもおかしいと感じたら自分だけで抱え込まず、早めに信頼できる家族や友人、専門機関などに相談して下さい。

■ **配偶者の暴力とDV防止法による保護**

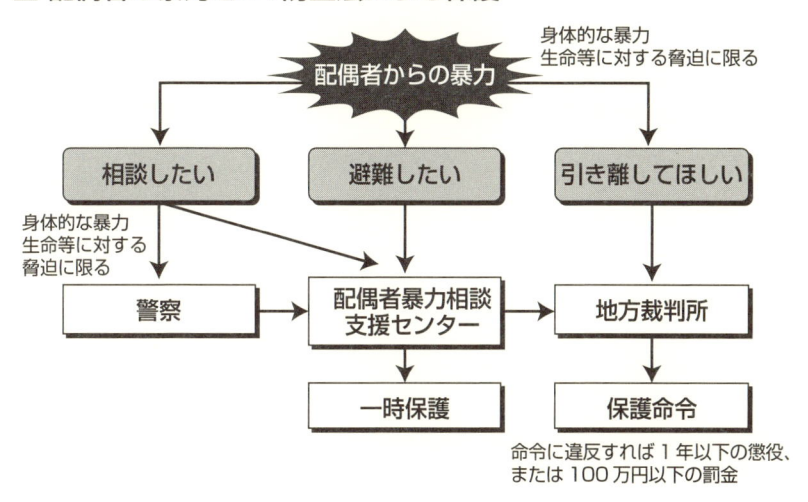

配偶者からの暴力

- 相談したい（身体的な暴力 生命等に対する脅迫に限る）→ 警察 → 配偶者暴力相談支援センター
- 避難したい → 配偶者暴力相談支援センター → 一時保護
- 引き離してほしい（身体的な暴力 生命等に対する脅迫に限る）→ 地方裁判所 → 保護命令

命令に違反すれば1年以下の懲役、または100万円以下の罰金

Question 25 夫の暴力に耐えかね、実家に帰っています。このまま会わずに離婚したいのですが、可能でしょうか。

Answer 代理人を立てることにより、偶然夫と遭遇する危険を低く抑えることができます。

　離婚する際に最初に行うのは話し合いによる協議離婚とされています。話し合いで双方が合意すれば、一番迅速に離婚を成立させることができますので、できることなら協議離婚をするのが理想的でしょう。しかし、直接会わずに離婚交渉を進めたいのであれば、協議離婚をするのは困難です。この場合、裁判所に離婚調停の申立てをすることになります。調停でも、夫婦同席で行われる手続きもありますが、暴力行為が原因で離婚を求めており、同席はできないということをあらかじめ裁判所に伝えておけば、別々に手続きを進めてもらうことができます。

　さらに、経済的な負担はかかりますが、弁護士を代理人として立てれば本人が裁判所に出向く回数を最小限に抑えることができますので、偶然夫と会ってしまう危険性も低くなります。

　このように、離婚手続きだけの問題であれば、会わずに済ませることもできます。しかし、相手が暴力に訴えるような人である場合、離婚手続きを始めたことに激高し、別居先の実家まで押しかけてきたり、外出時に待ち伏せて危害を加えてくる可能性があります。その危険を回避する方法としては、裁判所にDV防止法による保護命令の申立てをすることが考えられます。申立てには医師の診断書などが必要になりますので、準備しておきましょう。

Question 26
夫のひどい暴言のせいで、私は自分の意見が言えません。子どもにも同じことをするので離婚したいのですが、可能でしょうか。

Answer 夫の暴言の証拠を集めるところから始めて下さい。

　たとえば、「夫に殴られて腕や肋骨を骨折した」など、身体的な被害を受けたのであれば、被害者である妻側も覚悟を決めて別居したり、離婚の手続きに踏み切るなどの行動をとるでしょう。妻の周囲の人も夫から逃れることを勧めるはずです。

　一方、ただ暴言がひどい、というだけでは、周囲はもちろん、被害者自身も「自分の我慢が足りないだけでは」と考えて離婚をちゅうちょしがちです。しかし、DVには、殴る蹴るなどの身体的なものだけでなく、「ぐず」「ばか」「おまえなんかに何ができる」など、人を精神的に追い詰め、人格を否定するような暴言も含まれます。特にうつ病やPTSDといった精神疾患を発症しており、その原因として夫の暴言が考えられるといった場合には、「婚姻を継続しがたい重大な理由がある」と認められ、離婚できる可能性が高いと言えるでしょう。ただし、何の証拠もないままでは離婚が認められないこともあります。夫が暴言を否定すれば、裁判所が客観的に「婚姻を継続しがたい重大な理由がある」と判断することができないからです。そこで、まずは夫の暴言を客観的に把握できるような証拠をつかんでおきましょう。具体的には、「暴言を録音・録画しておく」「日記帳に記録する」「心療内科などを受診し、診断書をとっておく」といったことが考えられます。

Question 27

夫とは別居して離婚協議中ですが、脅迫めいた電話やメールを繰り返し、つきまといをやめません。どうしたらよいでしょうか。

Answer まず、共通の知人から夫に話をしてもらうことを考えます。それがダメなら、最寄りの警察に相談することです。

　DVから逃れるために隠れ住んだアパートや、あなたの職場にまで押しかけてくるという夫の行為は、いわゆる「ストーカー行為」に該当します。統計的に見ても、ストーカー行為は見ず知らずの者に対してよりも、元恋人・元妻や別居中の妻などといった顔見知りに対するケースが圧倒的に多いようです。対処法としては、まず、周囲の人に相談することです。できれば、共通の知人で夫に影響力のある人物がよいでしょう。ただ、かえって相手に刺激を与えて逆上させないように注意しなければなりません。

　次に、「ストーカー行為等の規制等に関する法律」（ストーカー規制法）により、対処することが考えられます。同法では、「つきまとい」をはじめとする8類型のストーカー行為を規定し、刑事罰を科してそれらの行為を禁止しています。とにかく、最寄りの警察署に相談してみましょう。被害者からの申出があれば、警察や公安委員会から加害者に対して、「警告」さらには「禁止命令」などの被害者を救済するための手続も用意されています。

　なお、以上の手続をとる前提として、夫のストーカー行為について証拠を収集しておきましょう。具体的には、「写真をとる」「録画・録音する」「目撃者を確保する」といったことです。

Question 28
15歳年上の夫は、私がセックス求めても「疲れた」といって、応じようとしません。こんなことが離婚理由になるのでしょうか。

Answer
場合によっては「婚姻を継続しがたい重大な事由」があるとして、離婚が認められる可能性もあります。

　夫婦といえども、体調不良など正当な理由がある場合は望まない性交渉に応じる義務はありません。これは、男性でも女性でも同じです。夫婦間であっても、相手の気持ちを無視して性交渉を強要すればDVとみなされることになります。しかし、性交渉は健全な婚姻関係にある夫婦の間ではごく自然な営みです。お互いに当然あるものと考えるでしょうし、本能的な欲求として相手に対し行為を望むこともあるでしょう。にも関わらず、理由もなく長い間性交渉を拒否すれば、それが夫婦の信頼関係を傷つけるきっかけにもなりかねません。そういう意味ではセックスレスも離婚を誘発する1つの要因となる可能性があります。

　ただ、今回の場合、夫は15歳も年上とのことですし、若い妻の欲求に応えたくても応えられない身体的な事情を抱えているということも考えられます。性的な問題はなかなか他人には相談しにくいものです。まずは夫婦2人で話し合いをしてみて下さい。病気によるものであれば、専門医に相談するなどすれば他の解決策が見つかるかもしれません。それでも夫が真剣に向き合おうとしない場合は、「婚姻を継続し難い重大な事由」があるとして離婚を認められる可能性は高いと思われます。

Question 29 夫の事業が業績不振で、負債を抱えています。離婚して、私が財産分与を受け、債権者の追及を逃れることは可能ですか。

Answer 不相応な財産分与は、債権者を不当に害する行為として、取り消される可能性があります。

　まず、ご主人の名義になっている財産について、妻であるあなたに分与ができるのかという問題があります。この点については、財産分与の制度は夫婦が協力して築いた財産については、その貢献度に応じた分与が認められます。ですから、財産の名義人が誰になっているかを問わず、実体に応じて判断していくことになります。たとえば、妻であるあなたの協力で事業を行って財産を形成していれば、何割かは財産分与として認められるでしょう。

　ただ、債権者からの追及を免れるために、本来妻に分与されるよりも不相当な財産を分与すると、債権者が「詐害行為取消権」（民法424条）を行使し、不相当な部分について、財産分与の取消を主張する可能性があります。詐害行為取消権とは、債権者からの追及を免れるために債務者がその所有する財産を他人に譲渡した場合、その譲渡行為を取り消して財産を元に戻すように請求できる権利をいいます。財産分与というと、離婚という夫婦間のプライベートな問題に関する行為ですから、詐害行為取消権の対象とはならないようにも思えます。しかし、判例では、債権者を害する場合には、不相当に過大な部分については、取り消すことができるとしています。あなた方のケースでも、取り消される可能性があると考えられます。

Question 30 国際結婚し、外国人の夫の姓に変更しました。離婚するにあたって日本姓に戻るためにはどんな手続きが必要なのでしょうか。

Answer 外国人の夫の姓に変更した方法によって手続きが異なります。

国際結婚により、日本人が外国姓に変更する方法には、次の2通りがあります。
① 婚姻後6か月以内に市区町村に「氏の変更届」を提出する
② 婚姻後6か月を過ぎたら、家庭裁判所に「氏変更の申立て」をして許可を得る。

①の方法で氏を変更した夫婦が離婚する場合、離婚後3か月以内に市区町村に「氏の変更届」を提出すれば、日本人は姓を元の日本姓に戻すことができます。一方、②の方法で氏を変更した夫婦や、①の方法でも離婚後3か月を過ぎてしまった場合には、まず家庭裁判所に「氏変更の申立て」をします。家裁の許可を得てから、市区町村に「氏の変更届」を提出します。

ここで注意しなければならないのが、外国姓の夫婦の間に生まれた子どもの姓です。子どもは、出生したときに外国姓の戸籍の中に入っています。離婚によって日本姓に戻る母親が親権を持つことになったとしても、子どもは外国姓の戸籍に残ったままです。子どもを日本姓にする場合は、家庭裁判所に「子の氏の変更」の申立てを行わなければなりません。家裁の許可を得て、「氏の変更届」を市区町村に提出する際に、子どもが母親と同じ籍に入ることを記載した「入籍届」を一緒に提出して下さい。

第6章 ● 離婚原因と離婚手続きをめぐる問題

Q31 外国人の女性と結婚し日本に住んでいます。離婚の話が出ていますが、妻の本国では離婚が認められていません。離婚できますか。

Answer 日本の法律上は離婚できますが、離婚後の奥さんは本国で離婚が認められない場合があります。

....

　まず、離婚について、あなた方夫婦に対してどの国の法律が適用されるかを決定しなければなりません。これを「準拠法」といいます。準拠法については、次の基準で決定されます。
① 夫婦の本国法が共通する場合、共通の本国法が適用されます。
② 共通の本国法がない場合、夫婦が共通して相当期間居住していた地（常居所地）の法が適用されます。
③ 共通の常居所地がない場合、夫婦に密接な関係のある地の法が適用されます。
④ 夫婦の一方が日本に常居所をもつ日本人であれば、日本法が適用されます。

　あなたのケースでは、日本で結婚して、夫婦で相当期間居住していたのですから、日本法が適用されることになります。そこで日本の法律上は、協議離婚することができます。離婚届を作成して、市区町村の役所に届け出れば、離婚が成立します。

　問題なのは、奥さんの立場です。奥さんの本国では離婚が認められていませんから、本国での再婚が認められない可能性もあります。ただ、そのような国であっても外国人との離婚の場合には、離婚・再婚を認めるケースもあるので、確認してみて下さい。

第7章

興信所への調査依頼と注意点

Question 1 配偶者が頻繁に浮気相手とメールしています。携帯はロックされていて見られません。相手がどんな人か知りたいのですが。

Answer 費用はかかりますが、興信所、調査会社などに依頼して、調査をしてもらうこともできます。

　配偶者や恋人、家族などが「浮気をしているのでは？」という疑いを持ったとき、多くの人はそれが事実かどうかを確認したいと思うでしょう。浮気の事実を確認する方法としては、「相手の携帯など持ち物をチェックする」「自分で尾行する」「本人に問いただす」などといったことが考えられますが、これらの方法で自ら浮気の事実をつきとめるのは、至難の業です。たとえ何らかの証拠が出て来たとしても、うまくごまかされたり、証拠をつきつけられた相手が感情的になって収集がつかなくなるということもあるでしょう。

　このような場合には、探偵事務所や興信所、調査会社などといった専門の業者に浮気調査を依頼し、確実かつ客観的な証拠を収集してもらうという方法を選択するのも１つの方法です。

　ただ、専門の業者に依頼するとなると、ある程度の経済的負担がかかることは否めません。また、浮気の事実はもちろん、思いもかけない別の事実まで明らかになってしまう可能性もあります。

　専門業者に浮気調査を依頼するにあたっては、どの程度の費用が必要なのか、何のために浮気調査をするのか、浮気の事実が明らかになった場合、どのような対応をしたいのかといったことを十分に検討しておくべきでしょう。

Question 2 調査してほしいことがあります。インターネットで調べると探偵、興信所、調査会社などが出てきますが、違いはあるのでしょうか。

Answer 呼び方が違うだけで特別意味はありません。事務所によっては得意、不得意の分野はあります。

　インターネットの検索サイトで「浮気調査　依頼」と入力して検索すると、たくさんの広告サイトが表示されます。サイトの事業所名には、「探偵事務所」「興信所」「調査会社」などと記載されていますが、浮気調査を行うにあたっての違いは特にありません。以前は探偵は個人の調査、興信所は企業の調査をおもに行うという大まかなすみ分けがあったようですが、現在はその垣根が低くなっており、法律上も同じ「探偵業」に分類されています。ただ、事務所の成り立ちによって、得意分野が違うことはあります。

●業者には守秘義務がある

　探偵業を営む事業者に対する規制を定めている法律として、平成19年6月に施行された「探偵業の業務の適正化に関する法律」（探偵業法）があります。同法10条では、探偵業の従事者に対し、「正当な理由がなく、その業務上知り得た人の秘密を漏らしてはならない。探偵業者の業務に従事する者でなくなった後においても、同様とする」と定めています。つまり、本人が他人に知られたくない情報まで知ってしまう可能性がある探偵業の事業者には、医師や弁護士などと同様の守秘義務があるということです。なお、守秘義務に関しては、重要事項説明書等の書面に記載し、契約時にその書面を交付して説明をすることも義務付けられています。

Question 3 夫の浮気の調査を、興信所などに依頼したいのですが、信頼できる興信所はどのように見分ければよいのでしょうか。

Answer 業者を選ぶ際には、事務所を持っていることや、探偵業法に基づく届出など、いくつかの条件を比較しましょう。

　浮気の疑いをもったとき、感情的になって深く考えずに浮気調査を依頼しようと考える人もいるでしょう。しかし、浮気調査は依頼者にとって精神的にも経済的にもかなりの負担がかかります。調査を依頼してもすぐに期待通りの結果が得られるとは限りませんし、実際に浮気の事実が明白になると、ある程度予測していたにも関わらず、動揺してしまう人も少なくありません。

　浮気調査を依頼するには、ある程度の情報とお金、そして覚悟が必要です。実際に依頼する前に、①浮気を疑う根拠は何か、②浮気の事実が確認できた後、何を求めるのか、③どの程度の経済的負担ができるのかといったことを冷静に考えるべきでしょう。

●どのように探せばよいのか

　調査を依頼する興信所などを探すとき、最も信頼がおけるのは、やはり「実際に依頼して満足のいく調査をしてもらった経験のある人からの紹介」でしょう。しかし、実際にはたとえ知人であっても興信所等を使って調査をしたということを知られたくないという人も多く、信頼のおける調査をしてもらえる業者の紹介を受けるのは難しいようです。

　そのような紹介のあてがない場合、インターネットやチラシ、

電話帳などのツールを使って探すことになるわけですが、その中には悪質な業者が混じっている可能性があります。膨大な量の業者から、悪質な業者を見分けるのは不可能で、どうしても広告の見栄えのよさや、「低料金」「迅速な調査」などの言葉に流されて選んでしまいがちです。

多額の費用を使い、他人に知られたくない情報を調査してもらうわけですから、業者の選定は特に慎重にすべきです。そこで、次のような点をチェックし、複数の業者を比較した上で相談先をピックアップして下さい。

① **料金が破格に安すぎないか**

浮気調査の料金は業者によって千差万別ですが、人件費や交通費など必要な経費を考えると、ある程度の相場というのはあります。にも関わらず、他と比べてあまりにも安い料金を売りにしている業者は、広告には明記していないオプション料金が設定されているなど何らかの問題がある可能性があります。

② **実在する事務所を構えているか**

事務所を構えずに個人でやっているような業者にも、優秀なところはあるかもしれませんが、必要なときにきちんと連絡がとれないような業務体制では安心して依頼することができません。

③ **探偵業法に基づく届出をしているか**

探偵業を営もうとする者は、公安委員会に届出をしなければなりません（探偵業法4条1項）。届出をした業者は、営業所ごとに届出証明書番号を交付されていますので、広告に番号の掲載があるかどうかを確認するとよいでしょう。

④ **業界団体に加盟しているか**

探偵業を営む業者が組織している業界団体は複数あります。その業者がどの業界団体に加盟しているかを確認し、万が一のときに受けられるサポートなどを調べておくと安心です。

Question 4 調査の依頼をしたら、近くの喫茶店を指定されました。人の目のあるところで会うのは、誰に見られているかわからず不安です。

Answer 探偵業法では事務所の届けが必要です。事務所の外で会うのは、事務所を公開できない理由があり、要注意です。

　広告等を使って業者を選定した後、実際に業者に会って相談をすることになります。このとき、「どこで会うのか」ということも業者を決定する1つの目安になります。

　たとえば業者の事務所の相談室などを最初の面接場所に指定してくれば、ひとまず安心でしょう。情報が漏れることを心配しなくてすみますし、事務所を依頼者に公開できるという点でも信用度が高いといえます。

　一方、相談者の自宅近くのファミレスなどを指定してきた場合はどうでしょうか。「その方がお客様にとって便利だから」などと言われると信用してしまいそうですが、近所の目もありますし、どこで誰が聞き耳を立てているかわかりません。何より事務所の存在を確認できないというデメリットがあります。事務所を持たないからといって信頼できない業者だとは一概には言えませんが、注意するに超したことはないでしょう。

●相談員や調査員の見極め方

　浮気調査を依頼するにあたっては、依頼者と業者が信頼関係を築くことができるということが必須条件です。その際、業者自体はもちろんですが、担当する相談員や調査員個人が信頼できるか

どうかも重要なポイントとなります。

たとえば、「会社としては信頼のおける業者でも、担当者にちょっとしたニュアンスが伝わらない」「理由はわからないが何となく話し方が引っかかる」といったことがあるとなかなか信頼関係を築くことができないものです。これは、担当者が優秀かどうかということよりも、むしろ相談者との相性が強く影響してくる部分ですので、相談者自身が担当者と会ってどう感じたかによって判断するしかありません。

担当者と会ったときは、目を見て話しているか、話を最後まで聞いているか、話した内容を理解してもらえているか、質問にきちんと答えてくれるか、相談者の感情を汲んでくれるかといったことを確認し、話しやすい相手か、信頼に足る人物であるかどうかを見定めるようにして下さい。場合によっては担当者の変更を希望することも検討するとよいでしょう。

■ 依頼時の注意点

弁護士等からの紹介 探す（インターネット・広告等）	探偵社と会ってみる	依頼するか 十分検討する
・複数の業者を比較 ・料金が安すぎないか ・実在する事務所を構えているか ・業界団体に加盟しているか ・探偵業法に基づく届出をしているか	・事務所を依頼者に公開しているか ・料金システム等の確認 ・契約の際に契約書を取り交わすのか ・重要事項の説明がしてもらえるのか ・話しやすい相手か、信頼に足る人物であるかどうか ＊相性も重要＊	・見積もりを取って比較・検討する ・落ち着いて客観的に判断する

第7章 ● 興信所への調査依頼と注意点　165

Question 5 調査の契約をする時に注意することはありますか。また、契約は書面で交わせるのでしょうか。

Answer 契約は書面で交わします。また、探偵業法で決まっている重要事項の説明をせず、契約を勧める業者は要注意です。

浮気調査は相談者にとってあまり気持ちのよいものではありません。できることなら早く終わらせて楽になりたいと考えてしまうのも無理はないでしょう。ただ、経済的・精神的に大きな負担を覚悟するからには、できるだけ効果的な成果を得たいものです。そのためには、契約を締結する前に、次のような点に注意しておく必要があります。

① やみくもに契約をせかす言動がないか

「早くしないと調査が難航する」「今なら調査費用を割り引きできる」などと言って契約をせかすような業者は何かしらやましさを抱えている可能性がありますので気をつけましょう。

■ 契約する際のチェックポイント

むやみに契約をせかす言動がないか	法令に基づいた手続きを踏んでいるか
↓	↓
早く契約をしても、解決は早まらない	重要事項の説明は必ず説明することが法令で定められている

② **複数の業者を比較してみたか**

　少しでも早く解決したいと、よく考えずに最初に相談した業者にそのまま依頼してしまう人も多いかもしれませんが、浮気調査を請け負う業者はたくさんあります。どの業者が優秀かを判断するのは簡単ではありませんが、せめて２～３か所の業者から見積りをとり、どこが自分の相談を依頼するのに適しているかを見極める努力はすべきでしょう。

③ **法令に基づいた手続きを踏んでいるか**

　探偵業を営む業者が増えてくると、「事前の説明なく高額の料金を請求された」「調査内容を勝手に第三者に漏えいされた」など、様々なトラブルが多発するようになりました。そのような状況を受けて成立したのが「探偵業の業務の適正化に関する法律」（探偵業法）です。探偵業法では、契約時に業務内容や対価、解約に関することなど重要事項を記載した書面を交付し、説明することを義務付けています。その説明がない場合や、契約内容について納得できない部分がある場合には、契約を締結するのは控えるようにしましょう。

■ **契約書面に記載しなければならない重要事項とは**

1	探偵業者の商号、名称又は氏名及び住所並びに法人にあっては、その代表者の氏名
2	探偵業務を行う契約の締結を担当した者の氏名及び契約年月日
3	探偵業務に係る調査の内容、期間及び方法
4	探偵業務に係る調査の結果の報告の方法及び期限
5	探偵業務の委託に関する定めがあるときは、その内容
6	探偵業務の対価その他の当該探偵業務の依頼者が支払わなければならない金銭の額並びにその支払の時期及び方法
7	契約の解除に関する定めがあるときは、その内容
8	探偵業務に関して作成・取得した資料の処分に関する事項

Question 6 調査費用はどのように決まるのでしょうか。また、法令などで決まっている金額はあるのでしょうか。

Answer 契約時に、料金体系の説明を受けて、どのくらいの費用がかかるか確認しましょう。

　探偵等の料金については、法律による明確な取り決めはありません。ある程度の相場はありますが、最終的にはそれぞれの業者が設定している料金に、相談者が納得できるかどうかが決め手になるでしょう。

　一般的な料金の体系は、弁護士などの料金体系と似ています。

　まず、相談料です。1時間いくらと決めているところもあれば、相談料は無料と謳っている業者もあります。次に、着手金です。これは契約時に支払うもので、たとえ調査で浮気の事実が確認できなくても返金されないのが一般的です。さらに、調査が終了した際には、調査にかかった交通費や通信費、消耗品費などの実費や、調査に成功した際にかかる成功報酬などが加わります。

　なお、これらの料金に関しては、契約時に書面で明確に示して説明することが必要とされていますので、どのような状況のときにどこまで払うのか、目安としてどの程度の金額が請求されるのかといったことをしっかりと確認しておきましょう。

●クーリング・オフをすることはできるのか

　探偵と契約したものの「早まった」と思い直した場合、場合によってはクーリング・オフを利用して契約を解消することができます。クーリング・オフとは、申込みを行った契約や成立した契

約について、一定期間の間、消費者から申込みを撤回または契約を解除できることを認める法律上の制度のことです。

　探偵等との契約に対し、クーリング・オフが適用されるのは、その契約が特定商取引法でいう「訪問販売」に該当する場合です。具体的には、業者の事務所や営業所以外の場所、たとえば相談者の自宅や喫茶店といった場所で契約を行った場合がこれに当たります。このような場所で契約する際に使用する契約書には、クーリング・オフに関する事項を記載した、いわゆるクーリング・オフ対応の契約書を使用する必要があります。

　なお、契約の際に着手金などの支払いが行われていた場合は、業者は速やかにその全額を依頼者に返金しなければなりません。

　業者の事務所に出向いて契約をした場合は、当然「訪問販売」には該当しないので、クーリング・オフをすることはできません。ただし、契約書にクーリング・オフができる期間の記載があれば、可能です。契約をするまでは、精神的な負担も多く冷静に判断できないため、契約時にクーリング・オフができる旨を契約書に盛り込むようにすれば、契約後に冷静になって、考え直すことも可能です。

■ 料金のしくみ

	時間料金制	パック料金制	成功報酬制
	調査員の稼働時間に応じた料金体系	探偵社がサービスをまとめて定額料金とする	着手金を支払い、調査後に成功報酬を支払う
メリット	比較的明確	安価で調査可能	成果に応じた料金になる
デメリット	長時間の調査には不利	短期間で終了した場合は割り高	思っていない結果でも成功となれば、支払わなければならない

Question 7 正確な調査をしてもらえるのか不安です。業者の対応で気をつけなければならないケースはありますか。

Answer 悪質な業者の手口を知っておくことは重要です。被害にあったら、速やかに依頼を取り下げて下さい。

　多くの探偵業者は真摯に業務を遂行していると思われますが、残念ながら悪質な業者が潜在しているのもまた事実です。中には何年にもわたって多大な被害に遭っている人もいますので、そのような業者に依頼をしてしまわないよう、また依頼をしてしまっても気づいた時点で速やかに依頼を取り下げることができるよう、準備をしておかなければなりません。そのためには、悪質な業者の手口を知っておくことが一番ですので、以下に紹介します。

① 　違法と思われる行為を勧める

　依頼者の弱みにつけ込み、「浮気相手に復讐してあげます」「それと気づかないように別れさせます」など、冷静に考えれば明らかに違法な行為を勧め、後になって「犯罪行為に加担した」などと脅して多額の費用を請求します。このような誘いがあった場合は甘言に乗らず、きっぱりと断りましょう。

② 　調査を引き延ばすような言動をする

　浮気調査はすぐに結果が出ない場合もありますが、「もう2、3日調査すれば証拠がつかめるかもしれない」などと言って調査を引き延ばそうとする業者もいます。このような業者は日当などの経費を水増し請求するために引き延ばしをしている可能性があ

りますので要注意です。

③ **調査対象を巻き込むような調査を提案する**

探偵業法では、「探偵業務を遂行する際には、人の生活の平穏を害するなど個人の権利利益を侵害するようなことをしてはならない」と規定しています。これは調査対象に関しても同じです。にも関わらず、「調査内容を元に調査対象から慰謝料を請求すれば調査費用の負担が軽くなります」などといった提案をする業者もいるようです。このような行為は、場合によっては強迫と指摘される可能性もありますので、受け入れないようにして下さい。

● **調査対象が恐喝される場合もある**

悪質な業者の中には、調査内容をネタに調査対象者を恐喝し、依頼者と双方からお金を巻き上げる業者もいます。このような行為は当然犯罪ですから、気づいた時点ですぐに警察に相談すべきです。「あなたを傷つけた罰を受けてもらいましょう」などと甘い言葉をかけられ、その誘いに乗ってしまったために、「犯罪行為に加担した」と脅迫されて延々と被害を受けるケースもありますので、絶対に応じないようにして下さい。

● **業界団体にも自主規制がある**

弁護士に弁護士会、医師に医師会があるように、探偵業にも「日本調査業協会」など複数の業界団体があります。業界団体では、探偵業務を遂行するにあたって、探偵業法などの法律を遵守するよう指導することはもちろん、団体独自の倫理綱領や自主規制を設け、相談者の保護をはかっています。

たとえば日本調査業協会では、「基本的人権に関わる調査の拒否」「いわゆる別れさせ屋に準じた事案の拒否」「誇大・虚偽の報告の禁止」などの自主規制をホームページ上で公表しています。他の団体でも、様々な形で業界の健全化に資する活動を行っていますので、確認してみて下さい。

Question 8
浮気調査を依頼したいのですが、法外な調査料請求や、逆に脅されたりしないか不安です。

Answer 探偵業法上の義務を遵守する業者であれば心配はないといえるでしょう。

「探偵業の業務の適正化に関する法律（探偵業法）」が制定されたことにより、興信所や探偵事務所などの探偵業務を行う業者は、この法律の規定に沿って業務を行わなければなりません。

同法では、探偵業を営むにあたっての届出義務や重要事項の説明義務、守秘義務といった義務を業者に課すと共に、次のような規制を設けています。

① 探偵業務を行うに当たっては、法律で禁止又は制限されている行為が探偵業法の規定によって行うことができるようになるわけではないということに留意すると共に、人の生活の平穏を害する等個人の権利利益を侵害することがないようにしなければならない（6条）。

② 探偵業務によって得られる調査の結果が犯罪行為、違法な差別的取扱いその他の違法な行為のために用いられることを知ったときは、当該探偵業務を行ってはならない（9条）。

なお、探偵業者が探偵業法等に違反し、適正に業務が行われないと判断される場合には、公安委員会が営業の停止命令や必要な措置をとるよう指示をすることができます。命令や指示に従わず、営業を続けた場合には、懲役や罰金などの罰則が科せられます。

Question 9

浮気調査の依頼の契約をしました。知人から、悪質業者だと知らされ、解約を申し出たのですが、法外な違約金を請求されました。

Answer 違約金の額が契約書より多い場合は、支払わずに業界団体や消費者センターなどに相談して下さい。

調査を開始もしくは調査途中で解約を申し出た場合、違約金を請求されることがあります。浮気調査の契約書には、「調査開始の○日前までの解約は○％、○日以降の解約は○％」などと記載されていることが多いようです。違約金の目安の金額については、個々の事業所や依頼内容によって異なってきますので、一概には言えませんが、「契約金の８％」という設定にしている業者が多いようです。

契約書に明記され、合意の上で契約した以上、その内容に従わなければなりませんが、探偵業の契約は、消費者契約法の適用を受けます。消費者契約法では、違約金について「契約の解除によって事業者に生じる平均的な損失を超える部分については、違約金の条項は無効になる」と規定しています（９条１項）。つまり、調査を始める前に解約を請求したため、業者に実質的な損失は発生していないといった場合には、たとえ契約書に記載されていても、依頼者が違約金を支払う義務はないと判断される可能性があります。解約を申し出て高額の違約金を請求された場合は、業者にいわれるままに支払わず、消費者センターや業界団体、弁護士などの相談窓口に相談してみるとよいでしょう。

Question 10 調査報告が文書ではなく、口頭での簡単な説明だけでした。本当に調査したのかわからず、不信感を持ちました。

Answer 調査員の行動記録を求めて、調査していなかったり、ずさんな調査であれば、再調査の依頼をすべきです。

　高い着手金を支払ったにも関わらず、「調査期間中、浮気の事実は確認できませんでした」といった簡単な報告しかなかったのでは、依頼者としては納得がいきません。このような場合、まずは業者に対し、どのような調査をしたのかを報告書にして提出するよう求めてみて下さい。あわせて調査員の行動記録と共に、タクシーの領収書、飲食代の領収書、写真などの資料があれば、添付するように要求してみましょう。

　その結果、明らかに必要な調査をしていない場合や、報告書が捏造されている疑いがあるような場合は、再度、調査を行うよう業者に求めるようにして下さい。業者者が居直るような態度を見せた場合は、当初から調査料を巻き上げるつもりで契約した可能性があります。この場合は、詐欺を理由に契約の解除ができます。また、通常するべき調査を怠っていたのであれば、債務不履行などを指摘して裁判所に訴えを起こすことも検討すべきでしょう。

　なお、このようなトラブルに巻き込まれないためには、契約の時点であらかじめ依頼内容や報告の形式についてきちんと文書化し、双方の合意の上で調査を始めるという手続きを踏むことを怠らないようにして下さい。

Question 11 調査をしている最中に、探偵が不法行為を行い、夫の不倫相手が私を訴えると言っています。

Answer 業界団体や弁護士に相談して対策を検討することになります。

　このように、浮気調査を業者に依頼するときには、様々なトラブルに巻き込まれる可能性があります。たとえば、依頼した探偵が違法な行為を行った場合、依頼者にも責任が及ぶことがあります。また、調査の段階で法曹関係者に対応を依頼する必要が出る場合も考えれられます。安全に調査をするためには、弁護士などを通じて依頼する方が無難です。特に、調査の結果、浮気の事実が発覚したら離婚すると決心しているような場合には、弁護士と連携している業者に相談するのがよいでしょう。最近は探偵業者と弁護士が連携し、相互に紹介しあっているところもあります。

● 業界団体にも相談できる場所がある

　日本調査業協会に加盟する各地の調査業協会など、いくつかの業界団体では、相談者からの相談を受け付ける電話窓口などを開設しています。具体的には、「相談者が業者の選定に迷っているときや調査内容について不満を持っている場合に所属会員の中から適した業者を紹介する」「契約内容や調査の方法について疑問がある場合にその内容の説明や業界での通例などの情報提供を行う」「料金面でトラブルが発生した場合のアドバイスをする」などの対応をしています。フリーダイヤルを設置している団体もありますので、必要時には一度相談してみるとよいでしょう。

Question 12 浮気の証明には、どんなものが証拠として認められますか。

Answer 物的証拠以外にも、状況証拠や、第三者の目撃証拠でも浮気の証明はできます。

　浮気の事実を証明する証拠は、第三者が見ても明らかに「浮気をしている」とわかるような物的証拠であればそれに超したことはありません。たとえば浮気相手と2人で寄り添っている写真や動画、やりとりしたメールや手紙、携帯電話の画像データや通話履歴といったものが挙げられます。

　この他、レストランのレシートやホテルの宿泊を示す伝票、プレゼントを購入したクレジットカードの履歴などといった状況証拠が考えられます。これらの証拠は、単独では明確な浮気の証拠にはならないかもしれませんが、「出張する」と偽って旅行に行っていた場合などには、総合的に見て浮気の証拠と判断されることもあります。第三者の目撃証言なども、証拠として認められる可能性があります。ただし、単に何となく記憶している、噂話といったことではなく、「いつ、どこで、どのような状況を目撃したのか」を明確に示すことができる証言でなければなりません。

●確実に証拠をおさえるために準備しておきたいこと

　まず気をつけなければならないのは、相手に浮気を疑っていることを悟られないようにするということです。特に携帯の画像やメールなどは、疑っていることに気づかれた時点で削除されてしまう可能性が高いので注意しましょう。

次に、ある程度相手の行動パターンを把握することが重要です。浮気調査は多額の費用がかかりますし、ただ長々とつけ回していても証拠が見つかるとは限りません。また、相談者は疑っていたものの、実は相手は浮気しておらず、別の理由で浮気を疑われるような行動をしていたということもあります。まずは浮気を疑うに至った行動や態度について冷静に観察してみましょう。

●トラブルが発生したらどうなる

　「見積りは適正なのか」「報告が全然来ない」「追加料金ばかり取られる」「調査した結果に満足できない」など、疑問やトラブルがあれば、業界団団体に相談するようにしましょう。日本国内には複数の業界団体があり、業界団体は依頼者と業者の間に立ち、苦情処理の円満解決へのサポートをしています。

　また、トラブルが起きた場合は消費者センターに相談することもできます。

■ 浮気調査のための準備と注意点

調査目的を正確に伝える
調査の目的を明らかにして、調査の結果がでた時、どのようにしたいのか正確に伝える。たとえば、離婚を前提にするのであれば、離婚調停が起きたときに有利になるよう明確な証拠を調査してもらうことになる。また、単に相手と別れてもらいたいだけで、相手を知りたいのであれば、相手の情報を調査してもらうことになる。

こちらの情報を正確に伝える
調査するにあたっては、依頼の正当性が重要。そのため、調査の目的をごまかしたり、身分を偽って調査を依頼することは、信頼関係が築けないばかりか、調査の結果にも悪影響が出る。

用意しておく資料など
調査するために必要な情報をあらかじめ整理しておいて、漏れなく伝えるようにしたい。何もないところから、調査をすると、時間や費用がよけいにかかることになる。最初からすべてを任せるのでななく、情報は積極的に提供する。

Question 13 夫が浮気をしています。相手の素性を知りたいのですが、興信所の調査は違法にはならないのでしょうか。

Answer 調査をする正当な理由があり、法令を逸脱するような行為でなければ、その調査は正当なものとして認められます。

　浮気の証拠をおさえるためには、対象者の行動を監視することが必要になります。監視の方法としては、尾行や張り込みなどが一般的です。一口に尾行、張り込みといっても、やり方は様々ですが、１人の人間の行動を相手に知られないように確実に把握するためには、突発事項にそなえて待機する人間を置いておかなければなりません。たとえば駅に向かっていた尾行中の対象者が、たまたま路上で知人に会い、急にその車に乗って行ってしまったといったこともよくあります。このような場合、予定通り駅に向かうことを想定して尾行する人と、突発的な理由に備えて車で尾行する人というように、いくつかの事態を想定して準備をしておく必要があるということです。このため、探偵業者は数人のチームを組んで一件の浮気調査にあたっています。

●興信所が行う浮気調査は法律に触れないのか
　興信所等が行う浮気調査は、依頼を受けて調査対象者の行動を逐一把握するという形で行われるのが一般的です。このとき、対象者から許可を得ていることはまずありません。対象者に調査をしていることを知られてしまうと、浮気の事実を確認するという目的を果たせなくなるわけですから、当然といえば当然なのです

が、対象者にしてみれば「プライバシー権の侵害」と言える行為です。探偵業法でも、「この法律によって他の法令において禁止・制限されている行為を行えるようになるわけではない」と明記し（6条）、注意を求めています。

　浮気調査はすべて法に反する行為であり、公には認められないのかというと、そうではありません。たとえば不貞行為を理由として離婚訴訟を起こす場合、原告は不貞行為を示す証拠を提示する必要があります。そのためには、浮気調査は必須と言えるでしょう。たとえば繁華街や公道などを、尾行する行為や、特定の公の場所で調査対象が現れるかを監視し、行動を調査するような場合です。このような場合は、プライバシーの侵害は低いといえます。つまり、浮気調査を実行する正当な理由があり、調査方法が明らかに法令を逸脱するような行為でなければ、その調査は正当なものとして公にも認められるということです。ただ、浮気調査の理由や手法の正当性についての明確な規定はされていませんので、個々のケースごとに判断されることになります。

●盗聴や盗撮などの行為には問題はないのか

　尾行や張り込みといった行為については、浮気調査の際に一般的に行われているものであり、すぐさま違法性が指摘されるようなことはありません。しかし、正当な理由なく興味本位で調査をしたり、浮気相手の自宅の敷地にまで入り込む、24時間行動を監視するなど、度を超している場合は問題があります。また、テレビドラマなどを見ていると、探偵が家のテーブル裏に盗聴器をしかけたり、隠しカメラを設置して盗撮するといった行為が描かれていることがありますが、これらの行為は明らかにプライバシー権の侵害です。場合によっては損害賠償の問題を生じたり、住居侵入罪・器物損壊罪などに該当すると判断され、罰則を科せられる可能性もあるということを知っておくべきでしょう。

Question 14 調査費用を抑えるために、契約の前までに準備しておくことはありますか。

Answer 調査対象者の証拠を集めてから依頼すれば、調査期間を短縮できます。また、調査後の対応も決めておいて下さい。

　浮気調査を依頼するにあたって、「早く事実を確認したい」と急いで探偵業者に依頼してしまう人もいますが、いくら専門の業者でも、やみくもに対象者を調査するだけではなかなか成果は得られません。費用面のことを考えると、ある程度浮気の疑いを持つに足るだけの証拠を自分で収集し、それを持って業者に依頼した方がよいでしょう。できれば浮気相手と会う確率が高い日の目星をつけ、その1週間くらい前までに依頼をしておくと、業者側も事前の計画が立てやすくなります。ただ、あまり深入りしすぎて証拠集めをしていることが相手にバレてしまっては元も子もありません。また、決定的な証拠を見つけて感情的に相手を責めるようなことをしてしまうと、収拾がつかなくなる可能性がありますから注意しましょう。

　なお、決定的な証拠が出て来た場合、どのように対応するのかについては依頼前に考えておきましょう。それによって、調査内容が若干変わってくることがあります。たとえば証拠が出た場合には即離婚と考えているのであれば、あわせて財産の調査なども始めておいた方がよいでしょう。浮気相手に対して慰謝料請求するという場合は浮気相手の身元も確認しておく必要があります。

第8章

困ったときの
相談先・法的解決法

離婚の悩みをサポートする機関や相談先

客観的なアドバイスをもらえる専門機関

　離婚に際しては、冷静かつ客観的な判断が必要になるため、あらかじめ離婚に関して法律的なアドバイスをしてもらえる弁護士や専門的な機関に相談するのがよいでしょう。離婚の悩み相談に気軽に応じてもらえ、かつ法律に詳しく専門的なアドバイスをしてくれる相談先には以下のものがあります。

家庭裁判所の利用法

　調停や家事手続案内といった方法を利用することができます。

① **調停**

　たとえば、相手から離婚話をもち出されて困っている、あるいは子どもがまだ小さいので離婚をきり出しかねている、などのような場合には、家庭裁判所へ夫婦関係調整の調停申立てをしてみることも、かしこい方法の１つだといえます。「夫婦関係円満調整の調停」とは、こわれかけた夫婦関係を立て直すために、生活環境やこじれた感情の対立を調整するという家事調停です。人生経験が豊富な調停委員や、心理学・社会学などに詳しい調査官らが調停にあたります。

② **家庭裁判所の家事手続案内**

　全国の家庭裁判所には、夫婦、親子などの家族関係の紛争についての問題に応じる「家事手続案内」のサービスがあります。

　家事手続案内では、申立てにあたって必要な費用や添付書類など、問題解決のための一般的なアドバイスと、調停や審判などの手続きについて教えてもらえます。家事調停手続きのしくみ、家庭裁判所に申し立てる方法、申請書類や手数料の内訳などについ

て知りたい場合には利用してみるのがよいでしょう。

　家庭裁判所の家事手続案内は無料です。曜日、時間については各家庭裁判所で異なりますので、あらかじめ電話や裁判所のホームページで確認する必要があります。

　また、家庭裁判所では、電話とファックスによる「家事手続情報サービス」（0570－031840）を行っています。このサービスでは、家事事件に関する一般的な説明、審判・調停手続の説明、おもな家事事件についての手続きの概要や必要書類、家庭裁判所の場所、申立てや家事手続案内の受付時間などを確認することができます。

福祉事務所や児童相談所への相談

　地方自治体には以下のような様々な相談先があります。
① 　福祉事務所
　母子生活への支援については各自治体にある福祉事務所に相談する方法もあります。福祉事務所は病気やケガなどにより生活費に困っている人や母子家庭、心身に障害のある人など、生活に困っている人に様々な相談や公的援助など福祉についての仕事やサービス全体を行っている機関です。児童扶養手当（母子家庭の子どもへの手当）、母子貸付（母子家庭向け子どもの生活福祉資金貸付など）、母子家庭への医療費助成制度、母子生活支援施設の紹介などがあります。公営住宅優先入居手続きや緊急一時保護（いわゆる駆け込み寺）の紹介もあります。

　自治体によっては、福祉事務所ではなく、他の課で担当しているところもあるため、居住している地域（市区町村）の自治体に問い合わせてみて下さい。
② 　児童相談所
　児童をめぐる問題もいろいろとありますが、児童相談所では、

親の離婚・病気・死亡・家出・出産などによって、児童の養育が困難になった場合の相談に乗っています。

また、逆に、子どものいない夫婦が養育者のいない子どもを引き取って育てたい（里親になる）場合の相談にも乗っています。

③ **女性相談センター**

離婚や家庭内の問題など、女性が直面する様々な悩みについては各自治体にある女性相談センターで面接や電話による相談を受けつけています。

④ **弁護士による無料法律相談**

各自治体では、弁護士による無料法律相談を行っています。実施日や時間、予約の方法など詳細については各自治体に電話などで直接問い合わせをしてみるとよいでしょう。自治体が各家庭に配布する広報紙にも実施日などの情報が記載されている場合があります。

各弁護士会の有料法律相談

各都道府県の弁護士会が主催している有料の法律相談です。30〜45分につき5400〜7560円程度で、離婚についての法律的なアドバイスが受けられます。相談日時は各弁護士会によって異なりますので、あらかじめ確認しておきましょう。弁護士の法律相談は、家庭裁判所の家事相談や、自治体の無料相談などに比べると、もう少し個々の内容に対してつっこんだ相談を受ける性格の窓口になっていて、調停や裁判に発展する可能性の高い相談が多いようです。法律相談の結果によっては相談を担当した弁護士が直接事件にあたる場合もありますし、適任の弁護士を紹介してもらえる場合もあります。

離婚した際に発生する公的な手続き

各種変更手続き

　健康保険と年金については、変更手続きが必要です。

　健康保険については、夫が会社員で妻が専業主婦である場合、通常、妻は夫の被扶養者と取り扱われるため、夫の支払う健康保険料で、妻も健康保険証を利用することができます。しかし、離婚後は妻自身が国民健康保険（または健康保険）に加入する手続きをとらなければなりません。

　年金についても同様です。強制加入ですので、役所の担当窓口に出向いて必要な手続きをとらなければなりません。

　また、運転免許証をもっている場合には、姓が変わる場合には、名前の変更手続き、離婚後の住所が変わるのであれば移転地への変更手続きが必要です。手続きは、公安委員会の窓口で受け付けています。その他、郵便局への住所変更届、パスポート、生命保険、銀行預金なども名前や住所の変更手続きが必要になります。

■ 離婚に関するおもな届出と手続き

- 役所に提出する届出
  - 離婚届、離婚の際に称していた氏を称する届、入籍届
  - 離婚届の不受理申立書、氏の変更届、親権者変更届

- 家庭裁判所への申立て
  - 離婚調停の申立て、財産分与請求の調停申立て、
  - 親権者指定の調停申立て、子の監護者の指定の調停申立て、
  - 養育費請求の調停申立て、子の氏の変更許可の審判申立て

書式　離婚届の不受理申出書

不受理申出　平成26年6月10日申出　豊島区　長　殿	受付 平成　年　月　日　発収簿番号　第　　号　整理番号　第　　号	送付 平成　年　月　日　発収簿番号　第　　号　整理番号　第　　号	発送 平成　年　月　日　　　　　　　　長　印
	書類調査　戸籍調査	不受理期間終了日　　　年　　月　　日	

不受理処分をする届出	届出事件の種別	☐協議離婚届　☐養子縁組届　☑その他（離婚）届 ☐婚姻届　　　☐養子離縁届
	（よみかた）	☑夫　　☐その他（　）　　☑妻　　☐その他（　） ☐夫となる人　　　　　　　☐妻となる人
		かとう　ゆきお　　　　　かとう　よしこ
	氏　名	氏名　加藤　幸男　　　　氏名　加藤　良子
	生年月日	昭和55年 4月 10日　　　昭和58年 8月 23日
	住所（住民登録をしているところ）	東京都豊島区　　　　　　東京都豊島区 ○○△丁目○番地番　○号　　○○△丁目○番地番　○号
	本籍	東京都三鷹市　　　　　　東京都三鷹市 ○○△丁目○番地番　　　○○△丁目○番地番 筆頭者の氏名　　　　　　筆頭者の氏名
	申出理由	☑届出の意思がなく、届書に署名押印したこともない ☐届書に署名押印したが、その後届出の意思をなくした
	その他	

上記届出が不受理期間中に提出された場合には、これを受理しないようお願いします。

申出人署名押印	加藤　良子
連絡先（連絡方法の希望）	希望　電話 03 (XXXX)XXXX ご連絡は午前中にお願いします。

書式　入籍届

入　籍　届 平成26年5月26日届出 中野区長 殿	受理 平成　年　月　日 第　　　号		発送 平成　年　月　日		長印
	送付 平成　年　月　日 第　　　号				
	書類調査	戸籍記載	記載調査	附票	住民票 通知

入籍する人の氏名	（よみかた） すずき　　　　たろう 氏　　　　　　名 鈴木　　太郎		平成○○年 ○月 ○日生
住所 （住民登録をしているところ）	東京都中野区本町○丁目　○番地（番）○号		
	（よみかた）すずき　よしこ 世帯主の氏名 鈴木　良子		
本籍	東京都新宿区北新宿○丁目　○（番地）番 筆頭者の氏名 加藤　幸男		
入籍の事由	□父 □養父 ☑母 □養母　の氏を称する入籍 □父母 □養父母 □従前の氏を称する入籍 （従前の氏を改めた年月日　　年　　月　　日）	□父 □養父 □母 □養母　と同籍する入籍 □父母 □養父母	
入籍する戸籍または新しい本籍	☑すでにある戸籍に入る　□父または母の新戸籍に入る　□新しい戸籍をつくる 東京都中野区本町○丁目 ○（番地）番	（よみかた）すずき　よしこ 筆頭者の氏名 鈴木　良子	
父母の氏名 父母との続き柄	父 加藤　幸男 母 鈴木　良子	続き柄　長	☑男 □女
その他			
届出人署名押印	鈴木　良子　　　　　　　　　　印		

届　出　人
（入籍する人が十五歳未満のときの届出人または配偶者とともに届け出るときの配偶者が書いてください）

資格	親権者（□父 □養父）□後見人 □配偶者	親権者（☑母 □養母）
住所	番地 番　号	東京都中野区本町○丁目 ○（番地）○号
本籍	番地 番　筆頭者の氏名	東京都中野区本町○丁目 ○（番地）番　筆頭者の氏名 鈴木　良子
署名押印 生年月日	印 年　　月　　日	鈴木　良子　　　　印 昭和40年 3月 3日

住所を定めた年月日 年　月　日	連絡先	電話（　　　） 　　　番 自宅・勤務先・呼出　　　方

第8章 ● 困ったときの相談先・法的解決法

書式　離婚の際に称していた氏を称する届

離婚の際に称していた 氏を称する届 （戸籍法77条の2の届） 平成26年5月26日届出 東京都練馬区　長殿	受理　平成　年　月　日 第　　　　　　号 送付　平成　年　月　日 第　　　　　　号 書類調査／戸籍記載／記載調査／附　票／住民票／通　知	発送　平成　年　月　日 　　　　　　　　　　　　長印

	氏　名 告知　要・不要 平成　年　月　日 口頭・郵送・手渡し 届出人・本人・使者 記載する正字		
(1)	離婚の際に称し ていた氏を称す る人の氏名	（現在の氏名、離婚届とともに届け出るときは離婚前の氏名） 氏　　　　　　　　　名 田中　　　　弘子　　昭和56年 7 月 2 日生	
(2)	住　　　所 （住民登録をし ているところ）	東京都練馬区平和台〇丁目〇番 〇 号 所帯主 の氏名　　田中　信弘	
(3)	本　　　籍	（離婚届とともに届け出るときは、離婚前の本籍） 東京都練馬区光が丘〇丁目〇　番 筆頭者 の氏名　　田中　信弘	
(4)	氏	変更前（現在称している氏） 田　中	変更後（離婚の際称していた氏） 田　中
(5)	離婚年月日	平成 26 年 5 月 23 日	
(6)	離婚の際に 称していた 氏を称した 後の本籍	（(3)欄の筆頭者が届人と同一で同籍者がない場合には記載する必要はありません） 東京都新宿区改代町〇　　　番 筆頭者 の氏名　　田中　弘子	
(7)	そ の 他		
(8)	届　出　人 署名捺印 （変更前の氏名）	田中　弘子　　　　㊞	

字訂正
字加入
字削除

スタンプ印は使用しないでください。　　連絡先　電話（03）xxxx-xxxx番
　　　　　　　　　　　　　　　　　　　　　　　自宅・勤務先・呼出　　　　方

離婚後に受給できる公的給付

児童扶養手当

　子どもを抱えて離婚した夫や妻、養育者は、児童扶養手当を受給することができます。児童扶養手当は、かつては母子家庭のみを支給対象としていましたが、現在は父子家庭も支給対象とされています。また、平成24年8月からは配偶者からの暴力（DV）で裁判所からの保護命令が出された場合にも受給できるようになりました。対象者や手当額は190ページ図の通りです。

母子福祉資金・寡婦福祉資金

　母子家庭の場合、母子福祉資金という低利の融資制度を利用することもできます。この制度は20歳未満の子どもを扶養する母子家庭の母親に貸し付ける制度です。就職に必要な職業技能を身につけるための技能習得資金、事業を始めるための事業開始資金、子どもを学校に入学させるため修学資金など、様々な貸付金が用意されています。この融資は物的担保（抵当権や質権など）を必要としませんが、保証人を1人立てなければなりません。

　申請は居住する市区町村を管轄する福祉事務所で行い、審査後に貸付の可否が決まります。また、子どもがいない場合でも、女性の生活支援のため、自治体により、寡婦福祉資金や女性福祉資金といった資金の貸付が行われています。

その他の支援

　その他、日常生活における自立支援として、子育て短期支援事業、母子家庭等日常生活支援事業、ひとり親家庭等生活支援事業、母子家庭等医療費助成制度などがあります。

子育て短期支援事業は、親の仕事上の都合（残業など）や病気などの理由により児童の世話が一時的に困難になった場合に、児童福祉施設などで児童を預かる事業です。

　母子家庭等日常生活支援事業は、母子家庭等の母等やその家庭の児童が一時的に病気やケガをした場合や、母等の就職のための訓練や活動などで一時的に日常生活が困難になった場合に、家庭生活支援員を派遣する事業です。

　ひとり親家庭生活支援事業には、生活相談や託児サービスなどの生活援助や、保育サービスなどの子育て支援があります。母子家庭等医療費助成制度は、母子家庭や父子家庭の父母やその児童のために、保険診療による医療費の一部を助成する制度です。

■ 児童扶養手当

対　象　者	次のいずれかの状態にある児童（18歳になった日以降の最初の3月31日まで、中度以上の障害がある場合は20歳未満）を養育している母、父または養育者に支給される。 ① 父母が婚姻を解消（離婚など）した子ども ② 父又は母が死亡した子ども ③ 父又は母が一定程度の障害の状態にある子ども ④ 父又は母が生死不明の子ども ⑤ 父又は母が1年以上遺棄している子ども ⑥ 父又は母が裁判所からのDV保護命令を受けた子ども ⑦ 父又は母が1年以上拘禁されている子ども ⑧ 婚姻によらないで生まれた子ども ⑨ 棄児などで父母がいるかいないかが明らかでない子ども
手　当　額 (平成26年度の基準)	・全部支給：4万1020円 ・一部支給：4万1010円〜9,680円 ※父母、養育者の所得（扶養親族の数によって異なる）によっては支給制限の対象になる なお、児童2人以上の場合は、2人目に月額5,000円、3人目以降は月額3,000円が加算される。
支給方法	4月・8月・12月に、その前月までの分が受給者の口座に振り込まれる
問い合わせ先	住所地の市区役所・町村役場

公正証書の作成と活用法

公正証書とは

　公正証書とは、公証人という特殊の資格者が、当事者の申立てに基づいて作成する公文書で、一般の文書よりも強い法的な効力が認められています。公正証書が利用される最大の理由は、公正証書に与えられる執行力のためです。法的な紛争では、様々な手を尽くしても効を奏さないときには、最終的に訴訟を起こし、勝訴判決を受けて、金銭債務などの場合、これに基づいて債務者の財産に対して強制執行を行いますが、強制執行を行うためには、その根拠となるものが必要です。それを債務名義と呼びます。

　債務名義には、判決の他に、調停証書や和解調書、仮執行宣言付支払督促などがありますが、公正証書も一定の要件を備えれば、債務名義となり、強制執行を行うことが可能になります。公正証書のこのような効力を執行力といいます。ただし、どんな約束でも公正証書にすれば債務名義となり得るわけではありません。まず、請求内容が、一定額の慰謝料など金銭の支払いであることが必要です。また、債務者（養育費などの支払義務者）が「債務を履行しない場合には強制執行を受けても文句は言わない」旨の記載がなされていることも条件です。この記載を、執行受諾文言（執行認諾約款）といいます。

　離婚に伴い、公正証書を作成する場合には、離婚する当事者が一緒に公証人のいる公証役場へ出向いて、公証人に公正証書を作成することをお願いします（これを「嘱託」といいます）。公証人との事前の相談や連絡は、当事者の一方だけでもできますが、公正証書を作成する場合には、当事者双方が出向く必要があります。ただし、本人ではなく代理人に行ってもらうことは可能です。

公証役場では、まず当事者に人違いがないかどうかを確認します。もちろん公証人自身が当事者と面識があればそれでよいのですが、多くの場合は、本人確認のために発行後6か月以内の印鑑証明書を持参することになります。公証人は必要な書類を点検した後で、当事者から受けた説明を基に、疑問点があれば質問し、公正証書を作成してもらえます。内容が簡単なものであれば、待っているその場でできる場合もありますが、たいていは別な日を指定されますから、その日に公証役場へ出向くことになります。指定日には、嘱託した内容の公正証書の原本ができていて、公証人が読み聞かせた後、当事者に閲覧させ、問題がなければ原本の指示された箇所に当事者が署名押印して手続は終了です。

　公正証書を作成するには、一般的に数万円程度の手数料がかかりますが、この手数料は、財産分与や慰謝料、養育費などの金額によって異なります。なお、公証人は、当事者の間に入って調整はしませんので、調整が必要な場合や詳しいアドバイスが必要な場合は、弁護士などの専門家に公正証書の作成を代理してもらう方が望ましいといえます。

作成上の注意点

　通常の公正証書作成と同様に、嘱託する本人の印鑑証明書などを準備します。代理人に嘱託してもらう場合には、委任状をはじめ、必要書類を準備します。離婚の際に取り決める内容は、財産分与に関する事項、子がいる場合には養育に関する事項、どちらかに離婚原因がある場合などに支払われる慰謝料などです。以下に挙げる点に注意して、具体的に記載します。

① **財産分与**

　どのように分配するかは、個々のケースで異なりますが、事前に当事者間で合意しておくのが理想です。不動産がある場合は、

その不動産の登記簿謄本を事前に準備します。車などの登録動産がある場合は、登録証も準備しておくようにしましょう。

② **養育費**

子が成人するまでの間の費用を負担します。一括で支払う場合や分割で支払う場合など、個々のケースで異なりますが、支払う金額、支払時期・回数・方法などの詳細を記載するようにしましょう。養育費に財産分与の意味合いも含まれている場合には、その旨を記載します。

③ **慰謝料**

離婚原因を作った当事者がそれによって相手方が被った精神的な損害に対して支払う金銭が慰謝料です。慰謝料の支払いについても金額と共に、支払方法と回数を明記するようにしましょう。養育費と同様、慰謝料が財産分与の金額に含める場合もあります。そのような場合には、その旨を明記しておくと、後日トラブルとなるのを予防することができるでしょう。

以上の①～③については、離婚に伴う財産についての取り決めですが、公正証書として残す場合、こうした事項が守られなかった場合に備えて、執行認諾約款(「債務を履行しない場合には強制執行を受けてもかまわない」旨の記載のこと)をつけることができる、という大きなメリットがあります。特に支払が長い年月に渡るような場合には、必ず支払を受けられるようにするためには、執行認諾約款をつけることが重要です。

また、住居などの不動産の明渡しが予定されている場合や、保証人を立てる場合、担保を設定する場合には、その旨も記載するようにします。一方、子と生活をしない方の当事者が子と会う権利などがある場合には、回数や面会の方法などについても明記しておきます。

書式　離婚に伴う公正証書

離婚に伴う契約の公正証書

　本公証人は、当事者の嘱託により、その法律行為に関する陳述の趣旨を録取し、この証書を作成する。

第1条（契約の目的）甲（夫○○○○）と乙（妻××××）は、この度、協議離婚をするにあたり、以下のように契約するものである。

第2条（契約の内容）甲は、乙に対して、財産分与として金○○○万円、慰謝料として金○○○万円、合計金○○○万円を支払う。

2　前項の支払いは、平成○○年○月○日を期限とする。

第3条（親権者）甲乙間に生まれた長男○○と長女○○の親権者および監護者は、乙と定める。

2　乙は、長男○○と長女○○を、成年に達するまで監護、養育するものとする。

第4条（養育費）甲は乙に対して、長男○○と長女○○が各々成年に達する日の属する月まで、平成○○年○月○日より、毎月末日限り、月々金○万円を支払うものとする。

2　前項の養育費は、長男○○と長女○○の進学等特別な事情が生じたとき、また、物価変動その他の事情が生じたときには、甲乙協議の上、増減できるものとする。

第5条（執行認諾約款）甲は、本証書記載の乙に対する金銭債務につき、債務不履行が生じたときには、直ちに強制執行に服する旨認諾した。

第6条（面会交流）甲は毎月1回長男○○と長女○○の各々と面会交流することができ、その日時、場所、方法は、長男○○と長女○○の福祉を害さないように、甲乙が協議して決定する。

第7条（請求の放棄）甲と乙は、本契約に定めた以外には相手方に対し、何らの請求をしないことを相互に確認した。

　　　　　　　　　　　　　（以下、本旨外要件につき省略）

約束を履行させるための手続き

債務者の財産隠しを封じるための手段

　訴訟や調停となると、トラブルが解決するまで多少の時間がかかります。その間に相手方が財産を処分してしまう可能性も否定できません。そのため、相手方と争う場合、あらかじめ財産や権利を確保しておくことが非常に重要です。家事事件で債務者の財産確保を防ぐための手段として、家事事件手続法上、調停前の仮処分、審判前の仮処分という方法があります。また、家庭裁判所ではなく、地方裁判所での手続きが必要になりますが、慰謝料請求権や養育費請求権といった債権を一般の民事保全手続きで確保することも可能です。

調停前の仮の処分

　調停の最中に勝手に財産を処分されてしまったり、名義を変更されてしまったりするおそれがある場合、あるいは、調停中も生活費や養育費を支払ってもらいたいという場合には、「勝手に財産を処分してはいけない」「生活費としてとりあえずいくら支払うこと」といった処分を申請することができます。

　この仮の措置のことを、仮の処分といいます。調停前の仮処分を申し立てる場合、「調停前の仮の処分の申立書」に申立ての趣旨と実情を記入して調停の際に提出します。

　仮の処分としてどのようなことを行うかは、調停委員会の判断によって決定します。緊急の場合には、調停委員会に配属されている裁判官が単独で仮の処分を命じます。調停委員会が命じた仮の処分に従わない者に対しては、10万円以下の過料を支払うように命じることができます。

ただし、調停前の仮の処分には、執行力がない（イメージとしては「お願いをする」という意味合いしかもたない）ため、財産を保全する手続きとしてはあまり実効性がないという欠点があります。

審判前の保全処分とは

家事審判事件を扱っている家庭裁判所は、仮差押や仮処分など必要な保全処分を命じることができます。

家事事件の保全処分を行うためには、審理の対象となる事件が存在していることが必要です。具体的には、家事審判が行われている場合だけではなく、家事調停の申立てがあった場合にも、家庭裁判所は保全処分を命じることができます。

民事保全手続き

民事保全手続きとは、訴訟の前にあらかじめ、債務者の財産を確保しておくための手続きです。保全手続きは大きく仮差押と仮処分の２つに分けられます。

① **仮差押**

金銭の支払いを目的とする債権（金銭債権）のための保全手続きで、金銭債権の債務者が所有する特定の財産について現状を維持させる保全手続きです。たとえば、AがBに対して金銭債権を持っているとします。この場合に、AがBの土地を仮差押したときには、Bがその土地を売却したりする処分を行おうとしても制限が加えられます。

慰謝料や養育費請求権など、金銭債権の確保を目的とするケースでは仮差押を利用することになります。

② **仮処分**

仮処分は、仮差押と異なり金銭債権以外の権利を保全するため

に必要になります。仮処分には、係争物に関する仮処分（物の引渡請求や明渡請求をするため、目的物の現状を維持する処分のこと）と仮の地位を定める仮処分（権利関係が争われている場合に暫定的に仮の地位を定めること）があります。具体的には、占有移転禁止の仮処分や、「審判確定に至るまで妻に金〇万円を支払え」といった内容の仮の地位を定める仮処分があります。

民事保全手続きの流れ

　仮差押・仮処分を利用する場合、まず裁判所に「仮差押命令」「仮処分命令」の申立てをします。民事保全の申立ては、本案（民事保全の申立ての目的である権利についての訴えのこと）を提起する前もしくは同時になされるのが一般的です。この申立ては書面で行うのが原則です。申し立てる裁判所は、原則として、債務者の住所地を管轄する地方裁判所ですが、詳細については、民事保全法、民事訴訟法で定められています。家事事件については、通常、家庭裁判所の人事訴訟係が担当課となるため、地方裁判所ではなく管轄の家庭裁判所へ申立てを行うことになります。

■ **家事事件で利用できる保全処分**

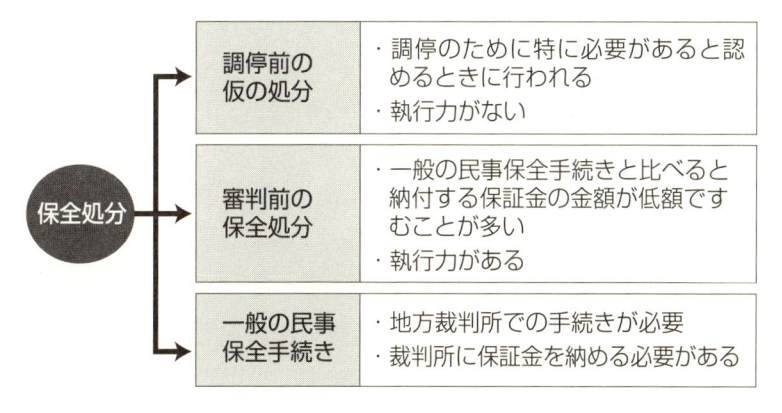

保全処分		
	調停前の仮の処分	・調停のために特に必要があると認めるときに行われる ・執行力がない
	審判前の保全処分	・一般の民事保全手続きと比べると納付する保証金の金額が低額ですむことが多い ・執行力がある
	一般の民事保全手続き	・地方裁判所での手続きが必要 ・裁判所に保証金を納める必要がある

次に、その申立てを受けた裁判所が債権者に審尋（面接）などをします。審尋では、保全の必要性や保証金の決定などについて裁判所が債権者に質問をします。さらに、裁判所が決定した仮差押・仮処分の保証金を納付します。その後に裁判所が仮差押・仮処分の決定をし、裁判所によって、実際の執行がなされます。

仮差押・仮処分の執行方法は、保全処分の内容によっても異なります。たとえば、離婚において、元妻が婚姻費用や養育費を確保するために、元夫の給与債権や預金債権に仮差押をする場合、第三債務者（給与債権の場合は夫の勤め先、預金債権の場合は金融機関）に対して債務者（この場合は夫）への支払いを禁止する命令が出されます。

仮に第三債務者がこの命令に違反して金銭を支払ったとしても、債権者（この場合は妻）に対する関係では効力が認められません。

債権者はこのように仮の権利を確保した上で、調停や訴訟で権利を確定させることになります。

家事事件についての強制執行

養育費や慰謝料の金額をあらかじめ公正証書（191ページ）で定めた場合、あるいは、裁判や調停などで金額が決められた場合であってもそれだけでは権利の実現も完全ではありません。調停や審判が守られないなど、相手方が約束を守らない場合には、強制執行という約束を履行させるための手続きを申し立てることができます。

ただし、家事事件で生じた債務の額は、通常の民事事件と比べて少額であるケースが多く、そのため、強制執行を行うと、強制執行の手続費用の方が回収する債権額よりも大きくなってしまうことが考えられます。そこで、家事事件手続法によって、履行勧告と履行命令の制度が設けられています。

履行の確保に関する手続き

　家事事件では、履行勧告と履行命令を利用するのが通常です。
・履行勧告
　履行勧告とは、家庭裁判所が約束を守らない債務者に対して履行することを求める制度です。履行の勧告を申し立てるには、「履行勧告の申出書」に調停調書謄本を添付して、調停が行われた裁判所に申し出ます。この際の費用は不要です。
　書類が提出されると、家庭裁判所は調停で定められた条項が正しく履行されているかどうかを調査し、もし、正当な理由もなく履行されていない場合には、義務者に対して条項の義務を履行するように勧告します。この勧告には法的な効力はありませんが、権利者本人が直接相手に催促するよりは効果的です。
・履行命令
　調査・勧告にも関わらず不履行を続ける場合は、裁判所から義務を実行するように履行命令を出してもらいましょう。義務を履行しない者に対しては、家庭裁判所は義務を履行すべきことを命じる審判をすることができます。これを履行命令といいます。
　履行命令も勧告同様に当事者の「履行命令の申立書」によって行われます。必要書類や申し立てる裁判所は、勧告の場合と同様です。
　ただし、金銭を支払うことを内容とする義務に対しては履行命令がだされますが、面会交流や子の引渡し義務に対して履行命令が出されることはありません。面会交流や子の引渡しについては相手方の協力が不可欠なので、履行命令の対象から外されています。
　正当な理由なく履行命令に従わない者に対しては、家庭裁判所は10万円以下の過料の支払いを命じます。

一般の強制執行の利用

　強制執行は、国家機関が、権利者の権利内容を強制的に実現してもらえる手続きです。たとえば、離婚調停で決まった約束事を強制執行する場合、調停調書に基づいて裁判所や執行官などの執行機関が相手方の財産を差し押さえ、競売でお金に換え、それを債権者に渡します。

　強制執行をするためには、まず、強制執行の根拠となる債務名義を入手しなければなりません。債務名義は、判決が代表的なものですが、それ以外に執行受諾文言付公正証書や調停調書・和解調書・仮執行宣言付支払督促などがあります。別の観点からいえば、債務名義があれば訴訟を経由しなくても強制執行をすることができるということになります。

　次に、債務名義の末尾に「強制執行をしてもよい」という執行文をつけてもらいます。さらに、強制執行を行うためには、相手方に対して債務名義を送達してあることが必要になります。債務名義の送達がなされていると、債権者は送達証明書を入手することができます。送達証明書は、債務者に「こういう内容の強制執行をします」という予告でもあります。

　「債務名義・執行文・送達証明書」の３点セットがそろってはじめて強制執行をしてもらう準備ができたことになります。

強制執行手続きの流れ

　強制執行を行う執行機関とは、強制執行を行う権限がある国の機関をいいます。通常は地方裁判所あるいは、地方裁判所にいる執行官が執行機関となります。相手方のどのような財産に強制執行するかについては、基本的に債権者の自由です。

　相手方の所有する不動産を対象にすることもできますし、家財道具などの動産や、給与や銀行預金などの債権を対象にすること

もできます。

　強制執行の対象によって、多少手続きに違いがありますが、強制執行の手順としては、まず、執行官が、相手方の財産を差し押さえ、それを競売にかけて売り払います。売り払った代金から、債権者の取り分を渡した後、残りがあれば相手方に返還するという流れになります。

　よく行われるのが給与や預貯金など、相手の債権に対する強制執行です。

　強制執行の手続きは、自分でできるものもありますが、通常は弁護士に依頼することが多いようです。ただ、一般の強制執行をするためには、家庭裁判所ではなく地方裁判所で手続きをしなければならず、費用や時間がかかります。家事事件については、履行勧告・履行命令の制度で解決するのがベストだといえるでしょう。

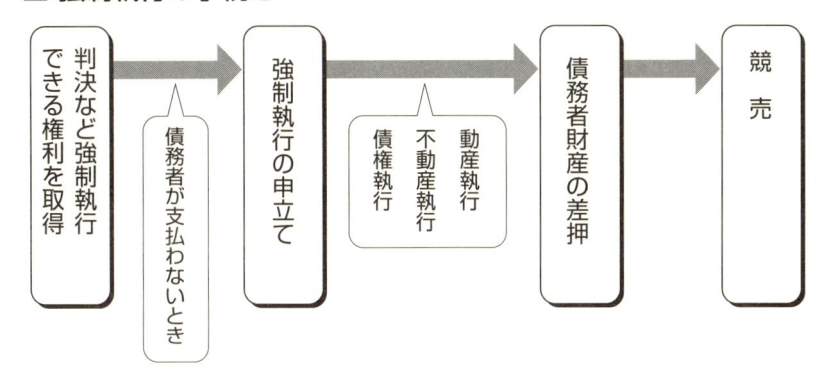

■ 強制執行の手続き

判決など強制執行できる権利を取得 → （債務者が支払わないとき） → 強制執行の申立て → （動産執行・不動産執行・債権執行） → 債務者財産の差押 → 競売

内容証明郵便の活用

内容証明郵便とは

　離婚をめぐる様々なトラブルを解決するための手段の1つとして利用される内容証明郵便について見ていきましょう。

　内容証明郵便は、誰が・どんな内容の郵便を・誰に送ったのかを郵便局が証明してもらえる特殊な郵便です。一般の郵便物でも書留郵便にしておけば、郵便物を引き受けた時から配達されるまでの保管記録は郵便局に残されます。しかし、書留では、郵便物の内容についての証明にはなりません。その点、内容証明郵便を出して、さらに配達証明付きにしておけば間違いがありません。

　内容証明郵便は、受取人が1人の場合でも、同じ内容の文面の手紙を最低3通用意する必要があります。ただ、全部手書きである必要はなく、コピーでも大丈夫です。郵便局ではそのうち1通を受取人に送り、1通を局に保管し、もう1通は差出人に返してくれることになっています。同じ内容の文面を複数の相手方に送る場合には、「相手方の数＋2通」用意することになります。

　用紙の指定は特になく、ワープロソフトで作成してもよいことになっています。

　ただし、内容証明郵便で1枚の用紙に書ける文字数には制約があります。縦書きの場合は、1行20字以内、用紙1枚26行以内に収めます。横書きの場合は、①1行20字以内、用紙1枚26行以内、②1行26字以内、用紙1枚20行以内、③1行13字以内、用紙1枚40行以内の3タイプがあります。長文になれば、用紙は2枚、3枚となり、1枚増えるごとに料金が加算されます。

こうしてできた同文の書面3通（受取人が複数ある場合には、その数に2通を加えた数）と、差出人・受取人の住所氏名を書いた封筒を受取人の数だけ持って、郵便局の窓口へ持参します。郵便局は、集配を行う郵便局か地方郵便局長の指定した無集配郵便局を選んで下さい。その際、字数計算に誤りがあったときなどのために、訂正用の印鑑を持っていきましょう。

　郵便局に提出するのは、内容証明の文書、それに記載された差出人・受取人と同一の住所・氏名が書かれた封筒です。窓口で、それぞれの書面に「確かに何日に受け付けました」という内容の証明文と日付の明記されたスタンプが押されます。その後、文書を封筒に入れて再び窓口に差し出します。そして、引き替えに受領証と控え用の文書が交付されます。これは後々の証明になりますから、大切に保管しておいて下さい。

■ 内容証明郵便を書く際の注意事項 ……………………………………

- 句読点
  「、」や「。」は1文字扱い

- ☐の扱い
  文字を☐で囲うこともできるが、☐を1文字としてカウントする。たとえば、「角角」という記載については3文字として扱う

- 下線つきの文字
  下線をつけた文字については下線と文字を含めて1文字として扱う。たとえば「3か月以内」は5文字扱い

- 記号の文字数
  「％」は1文字として扱う
  「㎡」は2文字として扱う

- 1字下げをした場合
  文頭など、字下げをした場合、空いたスペースは1字とは扱わない

書式　養育費支払請求書

催告書

　私はあなたと平成25年8月20日調停離婚し、その際、私が親権者となり子どもを引き取りました。また、子どもの養育費として1か月12万円をあなたが支払うこととなりました。ところが、あなたは本年になってから右養育費の支払をされず、既に60万円が滞納の状態となっております。
　つきましては、本書面到達後7日以内に右金員をお支払いください。もし、応じていただけない場合は、法的手段をとりますのでご承知おきください。

平成26年6月1日
　　　　東京都新宿区〇〇町〇丁目〇番〇号
　　　　　　　　　　　　　酒井春美　印
　東京都中央区〇〇町〇丁目〇番〇号
　　工藤次郎　殿

書式　養育費増額の申入書

養育費増額の申入書

　平成○年○月○日の協議離婚に伴い、あなたとの間の長男太郎は私が親権者として引き取り、あなたは養育費を月4万円を支払うこととなっておりました。本日に至るまで、あなたはこの約束を守ってくださっていることにまずは敬意を表し、御礼申し上げます。

　しかし離婚の後、あなたの事業もうまくいって軌道にのったと聞いております。他方太郎は先日、学校の体育の授業中に後遺症を残すほど怪我を負い、補償はあったものの、現実には介護等で生活費の負担が大幅に増加し、今では養育費に不足を生じるようになってしまいました。

　つきましては、養育費を月6万円に増額していただけるよう、お願い申し上げます。

　　平成○年○○月○○日
　　　　東京都○○区○○丁目○番○号
　　　　　　　　　　○○○○　　印
　東京都○○区○○丁目○番○号
　　○○○○　様

調停離婚の手続き

家庭裁判所による処理

　夫婦関係や親子関係をめぐる争いは、感情がからんでくることもあり、いったん発生すると、一般的な財産関係をめぐる紛争よりもかえって厄介なことになってしまうことも多いようです。そこで、夫婦関係や親子関係をめぐる紛争については、人間関係の特殊性を考慮し、一般の民事事件とは異なる手続きが定められています。

　家庭内の紛争に関わる事件のことを一般的に家事事件と呼びます。家事事件の処理については家庭裁判所で行われます。中心的な紛争解決手段となるのが、家事調停と家事審判です。離婚の場合には審判で処理するケースはほとんどありませんが、裁判所が関わる離婚事件の多くは家事調停、いわゆる離婚調停で処理されています。

調停前置主義

　家庭内のトラブル（家事事件）についてはいきなり訴訟ということは認められず、原則として、必ず家庭裁判所の調停を経なければなりません。このような建前を調停前置主義といいます。

　調停前置主義がとられている理由は、家庭問題に関わる事件をいきなり公開の法廷で審理することは、家庭の平和を維持するという観点から望ましくないためです。

　つまり、家事事件については、まず調停によって紛争解決の道を探ることになります。家事調停の申立てをせずにいきなり訴訟が提起された場合には、裁判所は職権で調停を開始します。

家庭裁判所への離婚調停の申立て方法

　調停の申立ては、相手の住所地の管轄にある家庭裁判所か、もしくは夫婦が合意して決めた家庭裁判所に対して行います。
　たとえば、東京都内で結婚生活を送っていた夫婦が離婚することになり、調停を申し立てた妻が千葉の実家で生活しているという場合には、夫が生活している東京都の管轄である東京家庭裁判所に申し立てることになります（逆に夫が申し立てる場合には千葉裁判所が管轄）。しかし、健康上の理由などやむを得ない理由で遠方にある裁判所に出向くのが難しいような場合には、自分の住所地の裁判所で処理してもらえるよう上申書を提出することができます。この提出によって裁判所が認めれば、自分の住所地にある裁判所で調停を行うことが可能になります。
　一方、夫婦が合意して決める場合は、全国のどこの家庭裁判所でもかまいません。ただし、この合意は調停を申し立てるときに合意書を添付するか、申立書に主旨を記載しなければなりません。
　家庭裁判所へ提出された調停申立てが受理されると、この申立てに事件番号がつけられます。裁判所へ書類や資料の提出をしたり、調停に関して問い合わせをする場合には、事件番号が必要となりますので、忘れないよう注意して下さい。

申立て手続きと費用

　家庭裁判所での事件処理が開始されると、裁判所内で事前調査された後に担当の調停委員が決められ、調停期日が指定されて、申立人と相手方の両方に呼出状が郵送されます。そして調停期日に裁判所に出頭することになります。なお、調停にかかる費用は一定額でわずかです。調停申立書に貼付する収入印紙が1200円、この他、呼出しなど事務連絡のための実費負担として裁判所に予納する切手が1000円程度（東京家庭裁判所の場合、966円分）

かかります。特殊な鑑定や出張などが必要な場合を除いては特別な費用を要することはまずないでしょう。

　調停は、家庭裁判所の庁舎内にある調停室で行われます。調停室は、法廷が開かれるようなものものしい部屋ではなく全く普通の部屋で、調停委員も当事者も１つのテーブルをはさんで席につく形で話し合います。第１回目の調停では、申立人から先に調停室に呼ばれます。そして調停委員から調停を申し立てた経緯、夫婦生活や子どものことなどについて質問されます。

　調停が１回で終わるということはほとんどありません。合意できるまで、１か月程度の期間をおいて何度か調停を行います。

　たいていの場合は６か月以内で調停が終了するようですが、中には１年以上かかる場合もあります。ちなみに、２回目の調停期日は１回目の調停で決められます。

　こうして第２回、３回と話が進んでいきますが、状況によっては申立人と相手方が同座しての話し合いをするということもあります。自分のいうべきことはきちんと冷静に話すべきですし、もしも身におぼえのないようなことを相手が言っているとわかったときは、きっぱりと否定すべきです。

　なお、本人が多忙であったり、あるいは法律や裁判所に慣れていないために、調停での話し合いを進めることが難しいような場合には、本人に代わって話ができる代理人を立てることも可能です。家庭裁判所の調停で立てる代理人は、弁護士が原則ですが、裁判所の許可が下りれば、親兄弟など弁護士でない者を立てることもできます。ただし本人の出頭を命じられたときは、必ず本人が出頭しなければなりません。

　当事者の片方が出頭せず、何度呼出しを重ねても出頭しない場合には、出頭勧告として家庭裁判所の調査官が説得に行く場合もあります。それでも出頭しない場合には、５万円以下の過料の制

裁を受けるおそれがあります。いずれにせよ、どうしても相手が出頭しない場合、申立人が調停を取り下げなければ、調停は不成立となります。離婚すること自体については合意しても、親権者の決定、財産分与、慰謝料、養育費などその他の条件で合意ができないなら、やはり調停は不成立となります。

なお、調停中に何らかの理由で申立てを取り下げて、協議離婚をしたいと思うこともあります。この場合、何回調停をした後でも、いつでも自由に申立てを取り下げることができます。また、いくら調停をしても解決は困難であろうと判断した場合に、調停申立てを取り下げることもできます。取り下げには相手方の同意は必要なく、必要書類を提出するだけで可能です。

調停が成立した後はどうなる

調停の結果、離婚の合意が成立し、離婚に伴う慰謝料や財産分与、親権者などについても話がまとまり、調停委員または裁判官も離婚は妥当であると認められれば、調停は成立します。こうし

■ 裁判所の調停室の様子

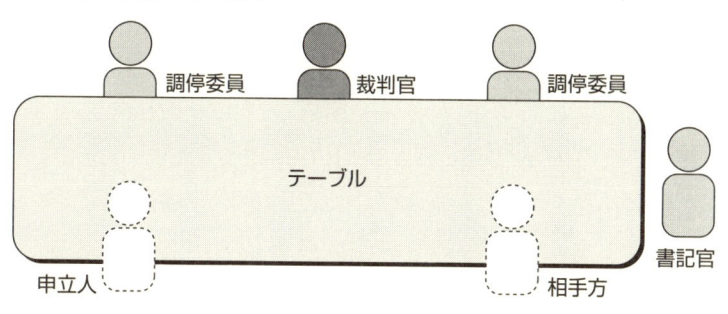

調停委員　裁判官　調停委員

テーブル

書記官

申立人　　相手方

※申立人と相手方は原則として同席しない。つまり、原則として、裁判官などが申立人と話し合いをしているときには相手方は席を外し、相手方と話し合いをしているときには、申立人は席を外すことになる。

て調停が成立すると、調停委員、裁判官、裁判所書記官の立ち合いの下で、合意内容を記した「調停調書」が作成されます。調停に離婚だけの申立てがなされている場合は、調停調書には「申立人と相手方は、本調停により離婚する」とだけ記載されますが、親権者や財産分与などについても成立した場合には、「当事者間の長女〇〇（平成〇年〇月〇日生）の親権者を相手方とする」「相手方は申立人に対し、財産分与として金〇〇万円、△△（支払方法）で支払う」旨が記載されます。作成された調書は、調停調書正本の送達申請をします。送達申請の際は、書記官室にある用紙に必要事項を記入して押印します。調停調書正本は、後日、当事者双方に郵送されます。

　調停で決められて調書に記載された事項には、確定した判決と同様の強い効力があります。調書で決定されたことに従わなければ強制執行されることもあります。こうして調停調書が作成されると離婚調停成立となり、調停は終了します。

　調停そのものが完了すると、調停成立の日から10日以内に役所の戸籍係へ離婚届を提出します。10日を過ぎてしまうと、3万円以下の過料がかかる場合がありますから注意しましょう。

　なお、協議離婚の場合は、2名の証人と夫婦双方の署名・押印が必要でしたが、調停離婚の場合、証人は不要で、申立人だけが届出をすることになります。届け出る役所は、夫婦の元の本籍地か、あるいは届出人（申立人）の所在地の役所になります。

　なお、届出の際には、離婚届の他に、調停離婚が成立していることを証明する調停調書謄本を貼付する必要があります。これによって、戸籍の夫の欄には「〇年〇月〇日妻〇〇と離婚の調停成立」、妻の欄には「〇年〇月〇日夫××と離婚の調停成立」と記載されます。①離婚後に旧姓に戻るかそれとも婚姻期間中の氏を続けて使用するか、②結婚前の戸籍に戻るか新しい戸籍を作るか、

あるいは③婚姻期間中の氏を続けて使用しながら新しい戸籍を作るか、などの手続きについては、協議離婚の場合と同じ手続きになります。また、本籍地に届け出る場合は調停調書謄本だけ添付すればよいのですが、本籍地以外の役所に届け出る場合は、調停調書謄本以外に戸籍謄本が必要になります。

調停調書の謄本は、調停が終わった際に裁判所にある交付申請書に必要事項を記入して提出すれば入手できます。調停調書用紙１枚につき150円の収入印紙が必要です。

調停が不調に終わった場合

調停委員会は、合意が成立する見込みがないと判断した場合には、調停不成立として事件を終了させることができます。調停不成立となった場合には、その旨を調停調書に記載します。

事件の内容によっては審判によって判断する審判離婚の手続きに移行することになっていますが、審判離婚は当事者が異議を申

■ 調停の手続き（離婚調停の場合）

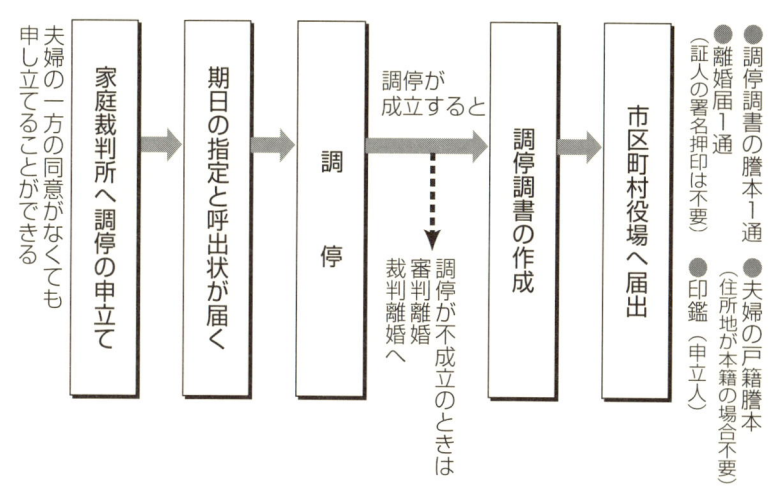

夫婦の一方の同意がなくても申し立てることができる
→ 家庭裁判所へ調停の申立て
→ 期日の指定と呼出状が届く
→ 調停
→ 調停が成立すると
→ 調停調書の作成
→ 市区町村役場へ届出

調停が不成立のときは審判離婚へ

● 調停調書の謄本１通
● 離婚届１通（証人の署名押印は不要）
● 夫婦の戸籍謄本（住所地が本籍の場合不要）
● 印鑑（申立人）

し立てることにより簡単に失効してしまうためほとんど利用されていません。そのため、通常、調停が成立しない場合には離婚訴訟で決着をつけることになります。

離婚調停が不調に終わったケースで、裁判所が調停に代わる審判を行わなかったり、当事者が調停に代わる審判に対して異議を申し立てた場合には、当事者は離婚訴訟を提起することができます。

審判離婚になるケース

審判離婚になるケースは実務上ほとんどありませんが、ごくまれに、調停で合意に至らなくても、家庭裁判所の判断で調停に代わる審判が行われることもあります。

審判離婚になる可能性があるのは、以下のような場合です。
① 実質的には離婚の合意が成立しているにも関わらず、調停の相手方が病気などの理由から調停期日に出頭できない場合
② 離婚そのものには合意するが、財産分与の額などで話し合いがつかず、調停不成立になった場合
③ 調停ではいったん離婚の合意が成立したものの、当事者の一方が急に行方をくらますなどして、調停期日に出頭しなくなった場合など

審判の手続きや効力

審判手続きの際は、調停の場合と同様に、双方の当事者自身が出頭するのが原則です。審判は単に本人の意思や事実関係を確認するだけの場というわけではなく、当事者への尋問もあります。

審判離婚の決定に対して不服であれば、当事者は審判から2週間以内に異議の申立てをすれば、審判の効力はなくなります。申し立てる理由はどのようなことでもかまいません。このように、異議の申立てにより審判の効力が否定されてしまうため、審判離

婚はあまり利用されないのです。

　ただし、審判の告知を受けた日から2週間以内に異議の申立てがなかった場合は、審判が確定して離婚は成立します。こうして確定された審判は訴訟による判決と同様の効力をもちます。

　審判離婚の場合も、戸籍係へ離婚届を提出する必要があります。手続きについては、調停離婚の場合と全く同じですが、それに加えて「審判確定証明書」と「審判書謄本」が必要になります。いずれも審判の後、書記官に交付の申請をすることで入手できます。

　家事調停や家事審判の申立てをする際には、管轄の家庭裁判所に必要事項を記載した申立書を提出します。本書では、「離婚や氏の変更」「年金分割に関わる申立書」などのサンプルとして、214ページ以降で、「離婚調停の申立書」「子の氏の変更許可申立書（15歳未満）」「親権者変更の調停申立書」「面会交流についての調停申立書」「養育費の調停申立書」「年金分割の割合を定める調停申立書」「年金分割のための情報提供請求書」を掲載します。

■ 家事調停・裁判手続き

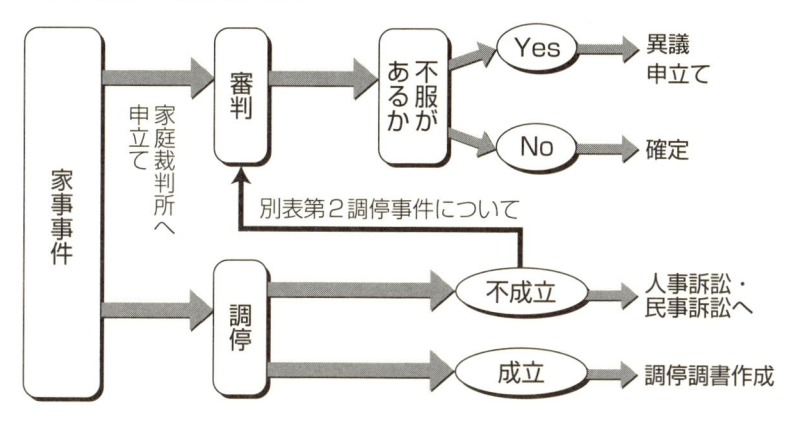

家事事件 → 家庭裁判所へ申立て → 審判 → 不服があるか → Yes → 異議申立て／No → 確定

家事事件 → 調停 → 不成立 → 人事訴訟・民事訴訟へ／成立 → 調停調書作成

別表第2調停事件について（調停→審判へ）

第8章 ● 困ったときの相談先・法的解決法

書式　離婚調停の申立書

受付印	夫婦関係等調整調停申立書　事件名（　　離婚　　）
	（この欄に申立1件あたり収入印紙1,200円分を貼ってください。）
収入印紙　　　　円 予納郵便切手　　円	（貼った印紙に押印しないでください。）

○○家庭裁判所 　　　　御中 平成○年○月○日	申立人 （又は法定代理人など） の記名押印	佐藤　綾子　　㊞

添付書類	（審理のために必要な場合は、追加書類の提出をお願いすることがあります。） □ 戸籍謄本(全部事項証明書)　（内縁関係に関する申立ての場合は不要） □ （年金分割の申立てが含まれている場合）年金分割のための情報通知書 □	準口頭

申立人

本　籍 （国　籍）	（内縁関係に関する申立ての場合は、記入する必要はありません。） ○○　都道府⊛　○○市○○町○番地
住　所	〒○○○-○○○○ ○○県○○市○○町○丁目○番○号　（　　　方）
フリガナ 氏　名	サトウ　アヤコ **佐藤　綾子**	大正 ⊛昭和　○年　○月　○日生 平成　　（　○○　歳）

相手方

本　籍 （国　籍）	（内縁関係に関する申立ての場合は、記入する必要はありません。） ○○　都道府⊛　○○市○○町○番地
住　所	〒○○○-○○○○ ○○県○○市○○町○丁目○番○号　（　　　方）
フリガナ 氏　名	サトウ　タケシ **佐藤　武史**	大正 ⊛昭和　○年　○月　○日生 平成　　（　○○　歳）

未成年の子

住　所	□ 申立人と同居　／　□ 相手方と同居 □ その他（　　　　　　　　　　　　）	平成　年　月　日生 （　　　歳）
フリガナ 氏　名		
住　所	□ 申立人と同居　／　□ 相手方と同居 □ その他（　　　　　　　　　　　　）	平成　年　月　日生 （　　　歳）
フリガナ 氏　名		
住　所	□ 申立人と同居　／　□ 相手方と同居 □ その他（　　　　　　　　　　　　）	平成　年　月　日生 （　　　歳）
フリガナ 氏　名		

（注）　太枠の中だけ記入してください。未成年の子は、付随申立ての(1)、(2)又は(3)を選択したときのみ記入してください。　□の部分は、該当するものにチェックしてください。

夫婦　(1/2)

※ 申立ての趣旨は，当てはまる番号（1又は2，付随申立てについては(1)～(7)）を○で囲んでください。
　□の部分は，該当するものにチェックしてください。
☆ 付随申立ての(6)を選択したときは，年金分割のための情報通知書の写しをとり，別紙として添付してください（その写しも相手方に送付されます。）。

申　立　て　の　趣　旨

円　満　調　整	関　係　解　消
※ 1　申立人と相手方間の婚姻関係を円満に調整する。 2　申立人と相手方間の内縁関係を円満に調整する。	※ ①　申立人と相手方は離婚する。 2　申立人と相手方は内縁関係を解消する。 （付随申立て） ①　未成年の子の親権者を次のように定める。 　　………………………………………………については父。 　　………長女　夏美…………については母。 ②　（□申立人／☑相手方）と未成年の子が面会交流する時期，方法などにつき定める。 ③　（□申立人／☑相手方）は，未成年の子の養育費として，1人当たり毎月（☑金 80,000 円 ／ □相当額）を支払う。 ④　相手方は，申立人に財産分与として， 　　（☑金 300万円 ／ □相当額 ）を支払う。 ⑤　相手方は，申立人に慰謝料として， 　　（☑金 100万円 ／ □相当額 ）を支払う。 ⑥　申立人と相手方との間の別紙年金分割のための情報通知書（☆）記載の情報に係る年金分割についての請求すべき按分割合を， 　　☑ 0.5　／　□（　　　　　　　　）と定める。 (7)

申　立　て　の　理　由

同　居　・　別　居　の　時　期

同居を始めた日…　㊫和　○年　○月　○日　　別居をした日…　昭和　○年　○月　○日
　　　　　　　　　　平成　　　　　　　　　　　　　　　　　　　㊈成

申　立　て　の　動　機

※当てはまる番号を○で囲み，そのうち最も重要と思うものに◎を付けてください。

1　性格があわない　　②　異性関係　　③　暴力をふるう　　④　酒を飲みすぎる
5　性的不調和　　　　6　浪費する　　　7　病　気
⑧　精神的に虐待する　9　家族をすててかえりみない　　10　家族と折合いが悪い
11　同居に応じない　⑫　生活費を渡さない　　13　そ　の　他

夫婦 (2/2)

書式　子の氏の変更許可申立書（15歳未満）

この用紙は必ず普通紙にコピーして使用してください。

受付印

子の氏の変更許可申立書

（この欄に申立人1人について印入印紙800円分を貼ってください。）

収入印紙　　　円
予納郵便切手　　円

（貼った印紙に押印しないでください。）

準口頭	関連事件番号　平成　　年（家　）第　　　号

東京　家庭裁判所　御中　平成 ○年 ○月 ○日	申立人（15歳未満の場合は法定代理人）の署名押印又は記名押印	○○○○法定代理人　親権者　母　○　　○　　○

添付書類	申立人の戸籍謄本　1通　　父・母の戸籍謄本　1通

申立人（子）

本籍	神奈川　都道府県　横浜市青葉区青葉台○番地
住所	〒169-0075　　　　　電話 03(xxxx)xxxx　東京都新宿区高田馬場○丁目○番○号（　　　方）
フリガナ 氏名	ヨシダ タクヤ　吉田 拓哉	昭和 平成 ○年 ○月 ○日生
本籍住所	※
フリガナ 氏名		昭和 平成　年　月　日生
本籍住所	※
フリガナ 氏名		昭和 平成　年　月　日生

☆法定代理人（父・後見人・母）

本籍	神奈川　都道府県　川崎市川崎区中瀬○丁目○番地
住所	〒　－　　　　　　電話（　）　上記申立人の住所に同じ　（　　　方）
フリガナ 氏名	カワダ ヨウコ　河田 洋子	フリガナ 氏名

（注）太枠の中だけ記入してください。※の部分は、各申立人の本籍及び住所が異なる場合はそれぞれ記入してください。☆の部分は、申立人が15歳未満の場合に記入してください。

子の氏 (1/2)

この用紙は必ず普通紙にコピーして使用してください。

申　立　て　の　趣　旨
※　申立人の氏（ 吉田 ）を　①　母　　の氏（ 河田 ）に変更することの許可を求める。 　　　　　　　　　　　　　　2　父 　　　　　　　　　　　　　　3　父母

（注）※の部分は、当てはまる番号を○で囲み、（　）内に具体的に記入してください。

申　立　て　の　実　情
父・㊊と氏を異にする理由
※　①　父　母　の　離　婚　　　　5　父　の　認　知 　　2　父・母　の　婚　姻　　　　6　父（母）死亡後、母（父）の復氏 　　3　父・母の養子縁組　　　　7　その他（　　　　　　　　　　） 　　4　父・母の養子離縁 　　　　　　　　　　　（その年月日　　平成　○年　○月　○日）
申　立　て　の　動　機
※　①　母との同居生活上の支障　　　5　結　　　　　　　婚 　　2　父との同居生活上の支障　　　6　その他 　　3　入　　園　・　入　　学　　　　　　　　（　　　　　　　　　） 　　4　就　　　　　職

（注）太枠の中だけ記入してください。※の部分は、当てはまる番号を○で囲み、父・母を異にする理由の7．
申立ての動機の6を選んだ場合には、（　）内に具体的に記入してください。

子の氏（2/2）

書式　親権者変更の調停申立書

受付印	家事 ☑調停 / □審判　申立書　[親権者の変更]	

（この欄に未成年者1人につき収入印紙1,200円分を貼ってください。）

収入印紙　　　円
予納郵便切手　　　円

（貼った印紙に押印しないでください。）

東京　家庭裁判所　御中
平成 25 年 4 月 8 日

申立人（又は法定代理人など）の記名押印：　大野　久美子　㊞

添付書類
（審理のために必要な場合は、追加書類の提出をお願いすることがあります。）
☑ 申立人の戸籍謄本(全部事項証明書)　　☑ 相手方の戸籍謄本(全部事項証明書)
□ 未成年者の戸籍謄本(全部事項証明書)　　□

準口頭

申立人

本籍(国籍)	東京 ㊞道/府/県 世田谷区××○丁目○番地
住所	〒156-0000　東京都世田谷区××○丁目○番○号　（　　方）
フリガナ 氏名	オオノ　クミコ　大野　久美子	㊞昭和/平成 52年 6月21日生 （35歳）

相手方

本籍(国籍)	東京 ㊞道/府/県 豊島区××○丁目○番地
住所	〒170-0000　東京都豊島区××○丁目○番○号　（　　方）
フリガナ 氏名	ナカジマ　ヒロユキ　中島　博之	㊞昭和/平成 51年 9月16日生 （36歳）

未成年者

未成年者(ら)の本籍(国籍)	□ 申立人と同じ　　☑ 相手方と同じ　　□ その他（　　　　　）
住所	□ 申立人と同居　／　☑ 相手方と同居　　□ その他（　　　）	㊞平成 19年 8月7日生
フリガナ 氏名	ナカジマ　ヤマト　中島　大和	（5歳）
住所	□ 申立人と同居　／　□ 相手方と同居　　□ その他（　　　）	平成　年　月　日生（　歳）
フリガナ 氏名		
住所	□ 申立人と同居　／　□ 相手方と同居　　□ その他（　　　）	平成　年　月　日生（　歳）
フリガナ 氏名		
住所	□ 申立人と同居　／　□ 相手方と同居　　□ その他（　　　）	平成　年　月　日生（　歳）
フリガナ 氏名		

（注）　太枠の中だけ記入してください。　□の部分は、該当するものにチェックしてください。

親権者変更 (1/2)

(942220)

※ 申立ての趣旨は，当てはまる番号を○で囲んでください。
　□の部分は，該当するものにチェックしてください。

申　立　て　の　趣　旨

※
1　未成年者の親権者を，（ ☑相手方　／　□申立人　）から（ ☑申立人　／　□相手方 ）
　に変更するとの（ ☑調停　／　□審判 ）を求めます。

（親権者死亡の場合）
2　未成年者の親権者を，（　□亡父　／　□亡母　）
　氏名＿＿＿＿＿＿＿＿＿＿＿＿＿＿＿＿＿＿＿＿＿＿＿＿＿＿＿＿
　本籍＿＿＿＿＿＿＿＿＿＿＿＿＿＿＿＿＿＿＿＿＿＿＿＿＿＿＿＿
　から　申立人　に変更するとの　審判　を求めます。

申　立　て　の　理　由

現在の親権者の指定について

☑ 離婚に伴い指定した。　　　　　その年月日　平成 22 年 5 月 15 日
□ 親権者の変更又は指定を行った。　（裁判所での手続の場合）
　　　　　　　　　　　　　　　　＿＿＿＿家庭裁判所＿＿＿＿（□支部／□出張所）
　　　　　　　　　　　　　　　　平成　　年（家）第　　　　号

親権者指定後の未成年者の監護養育状況

□ 平成 22 年 5 月 15 日から平成 25 年 4 月 8 日まで
　　　□申立人　／　☑相手方　／　□その他（＿＿＿＿＿）のもとで養育
□ 平成　年　月　日から平成　年　月　日まで
　　　□申立人　／　□相手方　／　□その他（＿＿＿＿＿）のもとで養育
□ 平成　年　月　日から現在まで
　　　□申立人　／　□相手方　／　□その他（＿＿＿＿＿）のもとで養育

親権者の変更についての協議状況

□ 協議ができている。
☑ 協議を行ったが，まとまらなかった。
□ 協議は行っていない。

親権者の変更を必要とする理由

☑ 現在，（☑申立人／□相手方）が同居・養育しており，変更しないと不便である。
□ 今後，（□申立人／□相手方）が同居・養育する予定である。
□ （□相手方／□未成年者）が親権者を変更することを望んでいる。
□ 親権者である相手方が行方不明である。（平成　　年　　月頃から）
□ 親権者が死亡した。（平成　　年　　月　　日死亡）
□ 相手方を親権者としておくことが未成年者の福祉上好ましくない。
□ その他（＿＿＿＿＿＿＿＿＿＿＿＿＿＿＿＿＿＿＿＿＿＿＿＿）

親権者変更 (2/2)

書式　面会交流についての調停申立書

	受付印	家事	☐ 調停　申立書　　子の監護に関する処分 ☑ 審判　　　　　　　　　　　（面会交流）

（この欄に未成年者1人につき収入印紙1,200円分を貼ってください。）

収入印紙　　　円
予納郵便切手　円

（貼った印紙に押印しないでください。）

東京　家庭裁判所
　　　　　　御中
平成 25 年 4 月 10 日

申立人
（又は法定代理人など）
の記名押印　　　　池田　尚宏　　印

添付書類	（審理のために必要な場合は，追加書類の提出をお願いすることがあります。） ☐ 未成年者の戸籍謄本（全部事項証明書） ☐	準口頭

申立人	住　所	〒 135 － 0000 東京都江東区××○丁目○番○号　　　（　　　方）	
	フリガナ 氏　名	イケダ　　ナオヒロ 池田　尚宏	昭和 平成 51 年 4 月 18 日生 （ 36 歳）

相手方	住　所	〒 110 － 0000 東京都台東区××○丁目○番○号　　　（　　　方）	
	フリガナ 氏　名	アンドウ　　マユミ 安藤　真由美	昭和 平成 52 年 11 月 15 日生 （ 35 歳）

未成年者	住　所	☐ 申立人と同居　／　☑ 相手方と同居 ☐ その他（　　　　　　　　　　　　　）	平成 19 年 10 月 17 日生 （ 5 歳）
	フリガナ 氏　名	アンドウ　　ユウト 安藤　悠斗	
	住　所	☐ 申立人と同居　／　☐ 相手方と同居 ☐ その他（　　　　　　　　　　　　　）	平成　年　月　日生 （　　歳）
	フリガナ 氏　名		
	住　所	☐ 申立人と同居　／　☐ 相手方と同居 ☐ その他（　　　　　　　　　　　　　）	平成　年　月　日生 （　　歳）
	フリガナ 氏　名		
	住　所	☐ 申立人と同居　／　☐ 相手方と同居 ☐ その他（　　　　　　　　　　　　　）	平成　年　月　日生 （　　歳）
	フリガナ 氏　名		

（注）　太枠の中だけ記入してください。　☐の部分は，該当するものにチェックしてください。

面会交流 (1/2)

(942180)

(注) □の部分は，該当するものにチェックしてください。

申　立　て　の　趣　旨

（ ☑申立人 ／ □相手方 ）と未成年者が面会交流する時期，方法などにつき
（ ☑調停 ／ □審判 ）を求めます。

申　立　て　の　理　由

申　立　人　と　相　手　方　の　関　係

☑ 離婚した。　　　　　　　　　　その年月日：平成　　年　　月　　日
□ 父が未成年者＿＿＿＿＿＿＿＿＿を認知した。
□ 婚姻中→監護者の指定の有無 □あり（□申立人 ／ □相手方） ／ □なし

未成年者の親権者（離婚等により親権者が定められている場合）

□ 申立人　／　☑ 相手方

未　成　年　者　の　監　護　養　育　状　況

□ 平成　　年　　月　　日から平成　　年　　月　　日まで
　　　　□申立人 ／ □相手方 ／ □その他（　　　　）のもとで養育
□ 平成　　年　　月　　日から平成　　年　　月　　日まで
　　　　□申立人 ／ □相手方 ／ □その他（　　　　）のもとで養育
☑ 平成22年 8月10日から現在まで
　　　　□申立人 ／ ☑相手方 ／ □その他（　　　　）のもとで養育

面　会　交　流　の　取　決　め　に　つ　い　て

1　当事者間の面会交流に関する取決めの有無
　　☑あり（取り決めた年月日：平成22年 8月10日）　□なし
2　1で「あり」の場合
　(1) 取決めの方法
　　　□口頭　☑念書　□公正証書　　　　＿＿＿＿＿家庭裁判所　（□支部／□出張所）
　　　□調停　□審判　□和解　□判決　→　平成　　年（家　　）第　　　　号
　(2) 取決めの内容
　　　（月1回都合のつく日曜日に相手方の許可を得て面会するなど，詳細は念書に記載の通り。）

面　会　交　流　の　実　施　状　況

□ 実施されている。
☑ 実施されていたが，実施されなくなった。（平成24年 8月　　日から）
□ これまで実施されたことはない。

本　申　立　て　を　必　要　と　す　る　理　由

□ 相手方が面会交流の協議等に応じないため
☑ 相手方と面会交流の協議を行っているがまとまらないため
□ 相手方が面会交流の取決めのとおり実行しないため
□ その他（＿＿＿＿＿＿＿＿＿＿＿＿＿＿＿＿＿＿＿＿＿＿＿＿＿＿＿＿＿）

面会交流（2/2）

書式　養育費の調停申立書

受付印		家事	☑ 調停 ☐ 審判	申立書　事件名	子の監護に関する処分 ☑ 養育費請求 ☐ 養育費増額請求 ☐ 養育費減額請求

（この欄に未成年者１人につき収入印紙１，２００円分を貼ってください。）

収入印紙　　　円
予納郵便切手　　　円

（貼った印紙に押印しないでください。）

○○　家庭裁判所 御中 平成　○年　○月　○日	申立人 （又は法定代理人など） の記名押印	小島　歩美　㊞

添付書類	（審理のために必要な場合は、追加書類の提出をお願いすることがあります。） ☑ 未成年者の戸籍謄本（全部事項証明書） ☑ 申立人の収入に関する資料（源泉徴収票、給与明細、確定申告書、非課税証明書の各写し等） ☐	準口頭

申立人

住所	〒○○○-○○○○ ○○県○○市○○町○丁目○番○号　（　　　方）
フリガナ 氏名	コジマ　アユミ 小島　歩美	昭和・平成　○年○月○日生 （○○歳）

相手方

住所	〒○○○-○○○○ ○○県○○市○○町○丁目○番○号　（　　　方）
フリガナ 氏名	ヨシダ　ゲンタ 吉田　元太	昭和・平成　○年○月○日生 （○○歳）

未成年者

住所	☑ 申立人と同居　／　☐ 相手方と同居 ☐ その他（　　　）	平成　○年○月○日生 （○○歳）
フリガナ 氏名	コジマ　アイ 小島　愛	

住所	☐ 申立人と同居　／　☐ 相手方と同居 ☐ その他（　　　）	平成　年　月　日生 （　歳）
フリガナ 氏名		

住所	☐ 申立人と同居　／　☐ 相手方と同居 ☐ その他（　　　）	平成　年　月　日生 （　歳）
フリガナ 氏名		

住所	☐ 申立人と同居　／　☐ 相手方と同居 ☐ その他（　　　）	平成　年　月　日生 （　歳）
フリガナ 氏名		

（注）　太枠の中だけ記入してください。　☐の部分は、該当するものにチェックしてください。

養育費 (1/2)

(942190)

この申立書の写しは，法律の定めるところにより，申立ての内容を知らせるため，相手方に送付されます。

※ 申立ての趣旨は，当てはまる番号を○で囲んでください。　□の部分は，該当するものにチェックしてください。

申　立　て　の　趣　旨

（ ☑相手方　/　□申立人 ）は，（ ☑申立人　/　□相手方 ）に対し，未成年者の養育費として，次のとおり支払うとの（ ☑調停　/　□審判 ）を求めます。
※ ① 1人当たり毎月 ☑金 ○○ 円 / □ 相当額 ）を支払う。
　　2　1人当たり毎月金　　　　　　円に増額して支払う。
　　3　1人当たり毎月金　　　　　　円に減額して支払う。

申　立　て　の　理　由

同　居・別　居　の　時　期

同居を始めた日…　□昭和／㊀平成　○年○月○日　　別居をした日…　□昭和／㊀平成　○年○月○日

養　育　費　の　取　決　め　に　つ　い　て

1　当事者間の養育費に関する取決めの有無
　　□あり（取り決めた年月日：平成　　年　　月　　日）　☑なし
2　1で「あり」の場合
　(1) 取決めの種類
　　　□口頭　□念書　□公正証書
　　　□調停　□審判　□和解　□判決　→　　　　　家庭裁判所　　（□支部／□出張所）
　　　　　　　　　　　　　　　　　　　　平成　　年（家　）第　　　　号
　(2) 取決めの内容
　　　（□相手方／□申立人）は，（□申立人／□相手方）に対し，平成　　年　　月から　　　　　まで，未成年者1人当たり毎月　　　　円を支払う。

養　育　費　の　支　払　状　況

□ 現在，1人当たり1か月　　　　　円が支払われている（支払っている）。
□ 平成　　年　　月まで1人当たり1か月　　　　　円が支払われて（支払って）いたが
　　その後（　　　　円に減額された（減額した）。／□ 支払がない（支払っていない）。）
□ 支払はあるが一定しない。
☑ これまで支払はない。

養育費の増額又は減額を必要とする事情（増額・減額の場合のみ記載してください。）

□ 申立人の収入が減少した。　　□ 相手方の収入が増加した。
□ 申立人が仕事を失った。
□ 再婚や新たに子ができたことにより申立人の扶養家族に変動があった。
□ 申立人自身・未成年者にかかる費用（□学費　□医療費　□その他　　　　　）が増加した。
□ 未成年者が相手方の再婚相手等と養子縁組した。
□ その他（　　　　　　　　　　　　　　　　　　　　　　　　　　　　　　　）

書式　年金分割の割合を定める調停申立書

受付印	家事 ☑調停 □審判　申立書（請求すべき按分割合）
収入印紙　　円 予納郵便切手　　円	（この欄に申立て1件あたり収入印紙1,200円分を貼ってください。） （貼った印紙に押印しないでください。）

○○家庭裁判所　御中
平成○年○月○日

申立人（又は法定代理人など）の記名押印　　加藤　陽子　印

添付書類　（事理のために必要な場合は、追加書類の提出をお願いすることがあります。）
☑年金分割のための情報通知書　1通（各年金制度ごとに必要）

準口頭

申立人
住所　〒○○○－○○○○
　　　○○県○○市○○町○丁目○番○号　（　　　方）
フリガナ　カトウ　ヨウコ
氏名　加藤　陽子
大正／㊊昭和／平成　○年○月○日生　（○○歳）

相手方
住所　〒○○○－○○○○
　　　○○県○○市○○町○丁目○番○号　（　　　方）
フリガナ　ヨシダ　マナブ
氏名　吉田　学
大正／㊊昭和／平成　○年○月○日生　（○○歳）

申立ての趣旨

申立人と相手方との間の別紙（☆）　1、2　記載の情報に係る年金分割についての請求すべき按分割合を、☑0.5／□（　　　　））と定めるとの（☑調停／□審判）を求めます。

申立ての理由

1　申立人と相手方は、共同して婚姻生活を営み夫婦として生活していたが、
　☑離婚／□事実婚関係を解消　した。
2　申立人と相手方との間の（☑離婚成立日／□事実婚関係が解消したと認められる日）、離婚時年金分割制度に係る第一号改定者及び第二号改定者の別、対象期間及び按分割合の範囲は、別紙1、2のとおりである

（注）太枠の中だけ記入してください。□の部分は、該当するものにチェックしてください。
☆　年金分割のための情報通知書の写しをとり、別紙として添付してください（その写しも相手方に送付されます。）。

年金分割（1/1）

(注) 審判の場合，下記の審判確定証明申請書（太枠の中だけ）に記載をし，収入印紙１５０円分を貼ってください。

審 判 確 定 証 明 申 請 書

（この欄に収入印紙１５０円分を貼ってください。）

（貼った印紙に押印しないでください。）

本件に係る請求すべき按分割合を定める審判が確定したことを証明してください。
　　　　平成　　年　　月　　日
　　　　　申請人　　　　　　　　　　　㊞

上記確定証明書を受領した。	上記確定証明書を郵送した。
平成　　年　　月　　日 　申請人　　　　　　㊞	平成　　年　　月　　日 　裁判所書記官　　　　　㊞

書式　年金分割のための情報提供請求書

年金分割のための情報提供請求書

様式650号

届書コード `7811`　処理区分　届書

○ 太枠　の中に必要事項を記入してください。ただし、◆印がついている欄は、記入不要です。
○ 記入にあたっては、「年金分割のための情報提供請求書の記入方法等について」を参照してください。

⑤ 社会保険事務所等受付年月日

① 請求者（甲）

- ① 基礎年金番号：1234-567890
- ② 生年月日：昭和23年9月25日
- ⑦ 氏名：（フリガナ）サトウ　サオリ　佐藤　沙織
- ④ 住所の郵便番号：000-0000
- ⑨ 住所：練馬市区　練馬1丁目2番3号

過去に加入していた年金制度の年金手帳の記号番号で基礎年金番号と異なる記号番号があるときは、その番号を記入してください。

厚生年金保険／船員保険／国民年金

② 請求者（乙）または配偶者

- ③ 基礎年金番号：9876-543210
- ④ 生年月日：昭和20年6月18日
- ⑦ 氏名：（フリガナ）サトウ　タロウ　佐藤　太郎
- ⑨ 住所の郵便番号：000-0000
- ⑦ 住所：練馬市区　練馬1丁目2番3号

過去に加入していた年金制度の年金手帳の記号番号で基礎年金番号と異なる記号番号があるときは、その番号を記入してください。

厚生年金保険／船員保険／国民年金

③ 婚姻期間等

1. 情報の提供を受けようとする婚姻期間等について、該当する項目を○で囲み、それぞれの項目に応じて定められた欄を記入してください。
   - ア．婚姻の届出をした期間（法律婚期間）のみを有する。⇒「2」欄
   - イ．婚姻の届出をしていないが事実上婚姻関係と同様の事情にあった期間（事実婚期間）のみを有する。⇒「3・5」欄
   - ウ．事実婚期間から引き続く法律婚期間を有する。⇒「4・5」欄

2. 現在、引き続き法律婚関係にありますか。（**ある**・ない）
   「ある」に○をつけた方は⑥欄を、「ない」に○をつけた方は⑥欄と⑦欄を記入してください。
   - ⑥ 婚姻した日：大・昭・平　44年5月15日
   - ⑦ 離婚した日、または婚姻が取り消された日：平7　年　月　日

3. 現在、引き続き事実婚関係にありますか。（ある・ない）
   「ある」に○をつけた方は⑥欄を、「ない」に○をつけた方は⑥欄と⑦欄を記入してください。
   - ⑥ 事実婚3号被保険者期間の初日：昭・平
   - ⑦ 事実婚関係が解消したと認められる日：平7

4. 現在、引き続き法律婚関係にありますか。（ある・ない）
   「ある」に○をつけた方は⑥欄を、「ない」に○をつけた方は⑥欄と⑦欄を記入してください。
   - ⑥ 事実婚3号被保険者期間の初日：昭・平
   - ⑥ 婚姻した日：昭・平
   - ⑦ 離婚した日、または婚姻が取り消された日：平7

5. 事実婚期間にある間に、当事者の二人のうち、その一方が他方の被扶養配偶者として第3号被保険者であった期間を全て記入してください。
   - ⑦ 事実婚第3号被保険者期間：昭和・平成　年　月　から　昭和・平成　年　月　まで

離婚訴訟の具体的な手続き

離婚訴訟は家庭裁判所に起こす

　離婚訴訟の訴えは家庭裁判所に提起します。

　離婚や認知などの争いにおいて、調停・審判などで話し合いを尽くした上で、それでも解決がつかない場合に起こす訴訟を人事訴訟といいます。離婚訴訟の他にも、婚姻の無効・取消しの訴え、認知の訴えなどが、人事訴訟に該当します。離婚訴訟を管轄する裁判所は、「当該訴えに係る身分関係の当事者が普通裁判籍を有する地又はその死亡の時にこれを有した地」(人事訴訟法4条)とされています。「当事者が普通裁判籍を有する地」とは、原則として当事者の住所地(民事訴訟法4条)のことですから、離婚訴訟の訴えは当事者のどちらかの住所地を管轄する家庭裁判所に提起することになります。

　訴訟をするには、まず訴状を作成することから始めます。

　訴状には、当事者(原告・被告)の本籍地と住所、請求の趣旨(内容)、請求の原因を記載し、収入印紙を貼って裁判所に提出します。離婚訴訟では、訴状に貼付する印紙代の基準になる訴額は160万円とみなされ、印紙代1万3000円が必要です。離婚に加えて財産分与として現金の支払いを求めるという訴訟では、財産分与についての印紙代1200円が必要です。慰謝料の請求は金額によって印紙代が変わりますが、離婚と合わせて慰謝料を求める場合には、離婚の訴額とされた160万円と慰謝料の金額を比べ、多いほうの訴額を印紙代にします。

　訴状の提出がすむと、裁判所はこれを被告(訴えられた相手方)に送達し、裁判が開かれる日(口頭弁論期日)を指定して、原告・被告両方を呼び出します。通常は、訴訟提起後約1か月

から1か月半後に、第1回の口頭弁論期日が決められて被告に訴状が送られます。裁判所側は被告からの答弁書の内容を見て、被告に離婚の条件などについて確認し、和解手続きを勧告します。訴訟の前に、協議離婚のチャンスを与えるわけです。和解手続きはおおよそ2～3週間に1回の期日で指定され、和解成立の可能性があれば話し合いが進められます。一方、和解の可能性が低い場合には、判決手続きへと戻されます。判決が下されるのは訴訟提起後10か月～1年先になるのが一般的です。

離婚訴訟も、第三審まで上訴することができます。離婚については認められたものの、親権者や金銭的な問題についての判決に不服があるような場合にも、敗訴部分については控訴することができます。

口頭弁論

裁判が開かれる日を「口頭弁論期日」といいます。被告の方は、原告が提出した訴状に反論する「答弁書」を作成して、原告の言い分に反論するための準備をすることになります。

口頭弁論では、原告は訴状を、対する被告は答弁書を陳述した後、両者の証拠書類の提出や本人（あるいは証人）尋問などが行われます。この口頭弁論等が何度か開かれた後、証拠調べを経て判決が下されるという流れになるのが一般的です。ただ、中には弁護士に委任し、本人が口頭弁論に出頭しない場合もあります。

なお、夫婦間のプライバシーが明らかにされることも多いため、離婚訴訟は、本人尋問など一部の事項については非公開で行うこともあります。

本人尋問のための陳述書の作成

原告および被告の陳述と証拠書類の提出に続いて、裁判官が両

者に本人尋問を行いますが、このとき、裁判官はあらかじめ提出された「陳述書」を基に、尋問を進めていきます。陳述書には、「どのようにして結婚し、どのような結婚生活を送って、離婚の提訴をするまでにどのような事情があったのか」といった内容を具体的に書く必要があります。判決に際して、この陳述書は重要なポイントになります。隠しだてしたり、事実をゆがめて書いたりすれば、後の審理にも大きく影響しますから、真実をできるだけ細かく、包み隠さずに記載するようにすべきです。自分で陳述書の原案を作って弁護士に渡し、スムーズに裁判が運ぶよう相談しながら、チェックしてもらうようにするとよいでしょう。

裁判離婚をしたときの離婚届

　裁判離婚では、判決が確定したときに離婚が成立しますが、裁判で離婚した場合にも、離婚届を提出する必要があります。もっとも、調停離婚の場合と同様、報告的な意味合いをもつだけの離婚届になります。通常は提訴した側が離婚届を出すことになっており、判決が確定した日から10日以内に、判決謄本と判決確定証明書（裁判所で交付される）とを届出人の本籍地の市区町村役場などへ提出します。

　また、提訴した者が何らかの理由で離婚届を提出しないときは、相手方（被告）が離婚届を提出できます。裁判離婚をすると、その旨が戸籍にも明記されます。旧姓に戻さず、離婚の際の氏を続けて使用することもできますが、離婚の際の氏を続けて称するという届出の期限は、判決確定の日から3か月以内とされています。

書式　離婚訴訟の訴状

訴　状

事件名　離婚　　請求事件

訴訟物の価額	円
貼用印紙額	円
予納郵便切手	円
貼用印紙　裏面貼付のとおり	

東 京 家庭裁判所　御中
平成 26 年 5 月 10 日

原告の記名押印　　加 藤 良 子　㊞

原告

本　籍	東京 ㊞道 府県 新宿区北新宿○丁目○番
住　所	〒○○○-△△△△　電話番号 03（××××）××××　ファクシミリ 03（××××）×××× 東京都新宿区北新宿○丁目○番○号（　　　　　　方）
フリガナ 氏　名	カ　トウ　　ヨシ　　コ 加 藤 良 子
送達場所 等の届出	原告に対する書類の送達は，次の場所に宛てて行ってください。 ☐ 上記住所 ☐ 勤務先（勤務先の名称　　　　　　　　　　　　　） 　〒　－　　　電話番号　（　　　　　） 　住　所 ☑ その他の場所（原告又は送達受取人との関係　実　家　） 　〒○○○-○○○○　電話番号 03（××××）×××× 　住　所　東京都渋谷区宇田川町○丁目○番○号 ☐ 原告に対する書類の送達は，上記の届出場所へ，次の人に宛てて行ってください。 　氏　名　　　　　　　　（原告との関係　　　　　　　）

被告

本　籍	原告と同じ
住　所	〒○○○-○○○○　電話番号 03（××××）××××　ファクシミリ 03（××××）×××× 東京都新宿区北新宿○丁目○番○号（　　　　　　方）
フリガナ 氏　名	カ　トウ　　ユキ　オ 加 藤 幸 男

添付書類	☑ 戸籍謄本（甲第　号証）　☑ 年金分割のための情報通知書（甲第　号証） ☑ 甲第 1 号証 ～ 第 3 号証　☐ 証拠説明書　☐ 調停が終了したことの証明書 ☐ 証拠申出書　☐

夫婦関係の形成又は存否の確認を目的とする係属中の事件の表示	裁判所　　／平成　年（　　）第　　号 事件名　　　事件／原告　　　　　被告

（注）　太枠の中だけ記入してください。☐の部分は，該当するものにチェックしてください。

離婚（ 1 ページ）

```
　　　　　　　請　求　及　び　申　立　て　の　趣　旨
原告と被告とを離婚する。
（親権者の指定）　　　　続柄　　名
☑ 原告と被告間の 長男　太郎 （☐昭和☑平成18年 5 月 5 日生）, 次男　吾郎 （☐昭和☑平成19年11月11日生），
　＿＿＿＿　＿＿＿＿（☐昭和☐平成　年　月　日生）　　　　の親権者を☑原告　☐被告と定める。
☐

（慰謝料）
☑ 被告は，原告に対し，次の金員を支払え。
　　☑　金　○○○万　　円
　　☑　上記金員に対する 離婚判決確定の日の翌日 から支払済みまで年　5　分の割合による金員
（財産分与）
☑ 被告は，原告に対し，次の金員を支払え。
　　☑　金　○○○万　　円
　　☑　上記金員に対する離婚判決確定の日の翌日から支払済みまで年　5　分の割合による金員
☐
☐

（養育費）
　　　　　　　　　　　　　　　　　　　　　続柄　　名
☑ 被告は，原告に対し，平成○年○月　から 長男　太郎 ，次男　吾郎 ，＿＿＿＿
　　が　成年に達する月　まで，毎月 末 日限り，子一人につき金　○　万　　円ずつ支払え。

（年金分割）
☑ 原告と被告との間の別紙　1　（年金分割のための情報通知書）記載の情報に係る年金分割についての
　　請求すべき按分割合を，☑ 0．5 ☐ （　　　）と定める。
☐

訴訟費用は被告の負担とする。

との判決（☑及び慰謝料につき仮執行宣言）を求める。

　　　　　　　　　　　請　求　の　原　因　等
1 (1) 原告と被告は，☐昭和 ☑平成　15　年　8　月　8　日に婚姻の届出をしました。
　 (2) 原告と被告間の未成年の子は，☐いません。☑次のとおりです。
　　　続柄　　名　　　　　年齢　　　生年月日
　　　長男　　太郎　　　　8 歳（☐昭和☑平成 18 年 5 月 5 日生）
　　　次男　　吾郎　　　　6 歳（☐昭和☑平成 19 年 11 月 11 日生）
　　　＿＿　　＿＿　　　　　歳（☐昭和☐平成　　年　　月　　日生）
2 〔調停前置〕
　夫婦関係に関する調停を
　☑しました。
　　事件番号　東京　家庭裁判所　　　　　　　平成　26　年（家イ）第　○○○　号
　　結　果　平成　25　年　4　月　30　日　☑不成立　☐取下げ　☐（　　　　　　　　）
　　理　由　☑被告が離婚に応じない　☐その他（　　　　　　　　　　　　　　　　　　）
　　　　　　☐条件が合わない（　　　　　　　　　　　　　　　　　　　　　　　　　　）
　☐していません。
　　理　由　☐被告が所在不明
　　　　　　☐その他（　　　　　　　　　　　　　　　　　　　　　　　　　　　　　　）
3 〔離婚の原因〕
　次の事由があるので，原告は，被告に対して，離婚を求めます。
　　☑　被告の不貞行為　　　　☐　被告の悪意の遺棄　　　　☐　被告の生死が3年以上不明
　　☐　被告が強度の精神病で回復の見込みがない　　☐　その他婚姻を継続し難い重大な事由
　その具体的な内容は次のとおりです。
　　（注）　太枠の中だけ記入してください。　☐の部分は，該当するものにチェックしてください。
　　　　　　　　　　　　　　　離婚（ 2 ページ）
```

（1）不貞行為について
　　被告は平成〇年春頃から、職場の同僚である田中恭子（以下「田中」）と親しくなり、外泊がちになりました。
（2）婚姻を継続し難い重大な事由について
　　被告は、昨年の秋から田中と同棲しており、原告が子どものためにもやり直そうと被告に訴えても、一向に聞いてくれません。
　　以上のような事情で、これ以上婚姻を継続することは困難と考えます。
4（子の親権者について）
　　被告は仕事で帰宅も遅く愛人である田中との生活におぼれているので、2人の子供を養育できる状態にありません。原告の実家が原告と2人の子供を引き取ることを申し出ています。
　　したがって、長男太郎と次男吾郎の親権者は、原告の方が適しています。
5（慰謝料について）
　　原告は家事と育児に一生懸命努力してきましたが、被告の不貞行為によって崩壊し、離婚せざるをえなくなったため、精神的苦痛を受けました。原告の精神的苦痛に対する慰謝料は、金〇〇〇万円が相当です。
　　したがって、金〇〇〇万円及びこれに対する離婚判決確定の日の翌日から支払済みまで民法所定の年5分の割合による遅延損害金を求めます。
6（財産分与について）
　　夫婦の財産は、〇〇銀行〇〇支店の預金〇〇〇万円（甲〇号証）などです。
　　したがって、財産分与として、金〇〇〇万円及びこれに対する離婚判決確定の日の翌日から支払済みまで年5分の割合による遅延損害金を求めます。
7（養育費について）
　　原告の収入が月約〇〇万円であるのに対して（甲〇号証）、被告の収入は月約〇〇万円です（甲〇号証）。養育費として、平成〇〇年〇月から子が成年に達する月まで1人につき月〇万円を求めます。
8（年金分割について）
　　原告と被告の離婚時年金分割に係る第一号改定者及び第二号改定者の別、対象期間、按分割合の範囲は、別紙1のとおりです。
9（まとめ）
　　よって、請求及び申立ての趣旨記載の判決を求めます。

巻末資料

養育費算定表の使い方

養育費算定表とは

　養育費算定表（正式には「養育費・婚姻費用算定表」といいます）とは、離婚にあたって非監護親（義務者）から監護親（権利者）に対して、支払われるべき養育費の金額を算定するために使用する表です。東京と大阪の裁判官の協同研究により作成されたもので、平成15年4月に公開されました。

　養育費算定表は、子の人数（1～3人）と年齢（0～14歳と15～19歳の2区分）に応じて表1～9に分かれています。離婚する個々の当事者の個別事情を考慮せずに、義務者と権利者の収入および子どもの年齢だけを考慮して養育費を算定している点に養育費算定表の特徴があります。

　本書では、238～255ページにかけて、ケースごとに表（ケース別早見表）を掲載していますが、この表は、養育費算定表を基に、義務者の立場や収入を分類してケース化したものです。

　養育費の算定のしかたには、生活保護基準方式、労研方式、標準生活方式など、様々な算定方法があり、算定方式ごとに異なる結果が出るため、養育費算定表に基づいて算出された金額が絶対というわけではありません。ただ、平成15年4月に養育費算定表が公開された後は養育費の算定にあたって養育費算定表を活用するケースが増えてきているため、養育費算定表を基にしたケース別の表を掲載します。

養育費算定表を利用する上での注意点

　この算定表は、あくまで標準的な養育費を簡易迅速に算定することを目的としています。最終的な養育費の金額については、い

ろいろな事情を考慮して当事者の合意で自由に定めることができます。しかし、いろいろな事情といっても、通常の範囲のものは標準化するに当たって算定表の金額の幅の中ですでに考慮されていますので、この幅を超えるような金額の算定を要するのは、算定表によることが著しく不公平となるような、特別な事情がある場合に限られます。また、この算定表の金額は、裁判所が標準的なケースについて養育費を試算する場合の金額とも一致すると考えられますが、特別な事情の有無等により、裁判所の判断が算定表に示された金額と常に一致するわけではありません。

養育費算定表の使用手順

どの表も、縦軸は養育費を支払う親（義務者）の年収、横軸は子を引き取って育てている親（権利者）の年収を示しています。縦軸の左欄と横軸の下欄の年収は、給与所得者の年収を、縦軸の右欄と横軸の上欄の年収は、自営業者の年収を示しています。

① 年収の求め方

義務者と権利者の年収を求めます。

・給与所得者の場合

源泉徴収票の「支払金額」（控除されていない金額）が年収に当たります。なお、給与明細による場合には、それが月額にすぎず、歩合給が多い場合などにはその変動が大きく、賞与・一時金が含まれていないことに留意する必要があります。

他に確定申告していない収入がある場合には、その収入額を支払金額に加算して給与所得として計算して下さい。

・自営業者の場合

確定申告書の「課税される所得金額」が年収に当たります。なお「課税される所得金額」は、税法上、種々の観点から控除された結果であり、実際に支出されていない費用（たとえば、基礎控

除、青色申告控除、支払がされていない専従者給与など）を「課税される所得金額」に加算して年収を定めることになります。

・児童扶養手当などについて

　児童扶養手当や児童手当は子のための社会保障給付ですから、権利者の年収に含める必要はありません。

② 　養育費の算定方法

　子の人数と年齢に従って使用する表を選択し、その表の権利者及び義務者の収入欄を給与所得者か自営業者かの区別に従って選び出します。縦軸で義務者の年収額を探し、そこから右方向に線をのばし、横軸で権利者の年収額を探して上に線をのばします。この２つの線が交差する欄の金額が、義務者が負担すべき養育費の標準的な月額を示しています。

　なお、それぞれの表における養育費の額について、養育費を支払う親の年収額が少ない場合は１万円、それ以外の場合は２万円の幅をもたせてあります。

子１人あたりの額の求め方

　養育費算定表は子どもが２人ないし３人の場合の算定表も用意していますが、この場合、算定表に示されている養育費の金額は、支給される総額です。ただ、子が複数の場合、それぞれの子ごとに養育費額を求めることができます。それは、算定表上の養育費額を、子の指数（親を100とした場合の子に充てられるべき生活費の割合で、統計数値等から標準化したものです。子の指数は０〜14歳の場合には55、15〜19歳の場合には90となっています）で按分することで求められます。

　たとえば、子が２人おり、１人の子が10歳、もう１人の子が15歳の場合において、養育費の全額が５万円の場合には、10歳の子について２万円（５万円×55÷（55＋90））、15歳の子について３

万円（5万円×90÷（55＋90））となります。

養育費算定表の使用例

　権利者が7歳と10歳の子を養育しており、単身の義務者に対して子の養育費を求める場合で、権利者と義務者の収入は以下のようになっています。
・権利者は給与所得者であり、前年度の源泉徴収票上の支払金額は202万8000円でした。
・義務者は給与所得者であり、前年度の源泉徴収票上の支払金額は715万2000円でした。
　算定手順は以下の①〜⑥の通りです。
①　権利者の子は、2人で7歳と10歳ですから、養育費の9枚の表の中から、表3「子2人表（第1子及び第2子0〜14歳）」を選択します。
②　権利者の年収。表の横軸上の「給与」の欄には「200」と「225」がありますが、権利者の年収が「200」に近いことから、「200」を基準にします。
③　義務者の年収。表の縦軸上の「給与」の欄には「700」と「725」がありますが、義務者の年収が「725」に近いことから、「725」を基準にします。
④　横軸の「200」の欄を上にのばした線と、縦軸の「725」の欄を右にのばした線の交差する欄は「8〜10万円」の枠内となっています。
⑤　標準的な養育費はこの額の枠内にあり、当事者の協議では、その間の額を定めることになります。
⑥　仮に8万円とした場合には、子1人当たりの額は、子2人の年齢がいずれも0から14歳であるので、指数は55であり同じですから、2分の1の各4万円となります。

表1 養育費 子1人表（子 0 ～14歳）

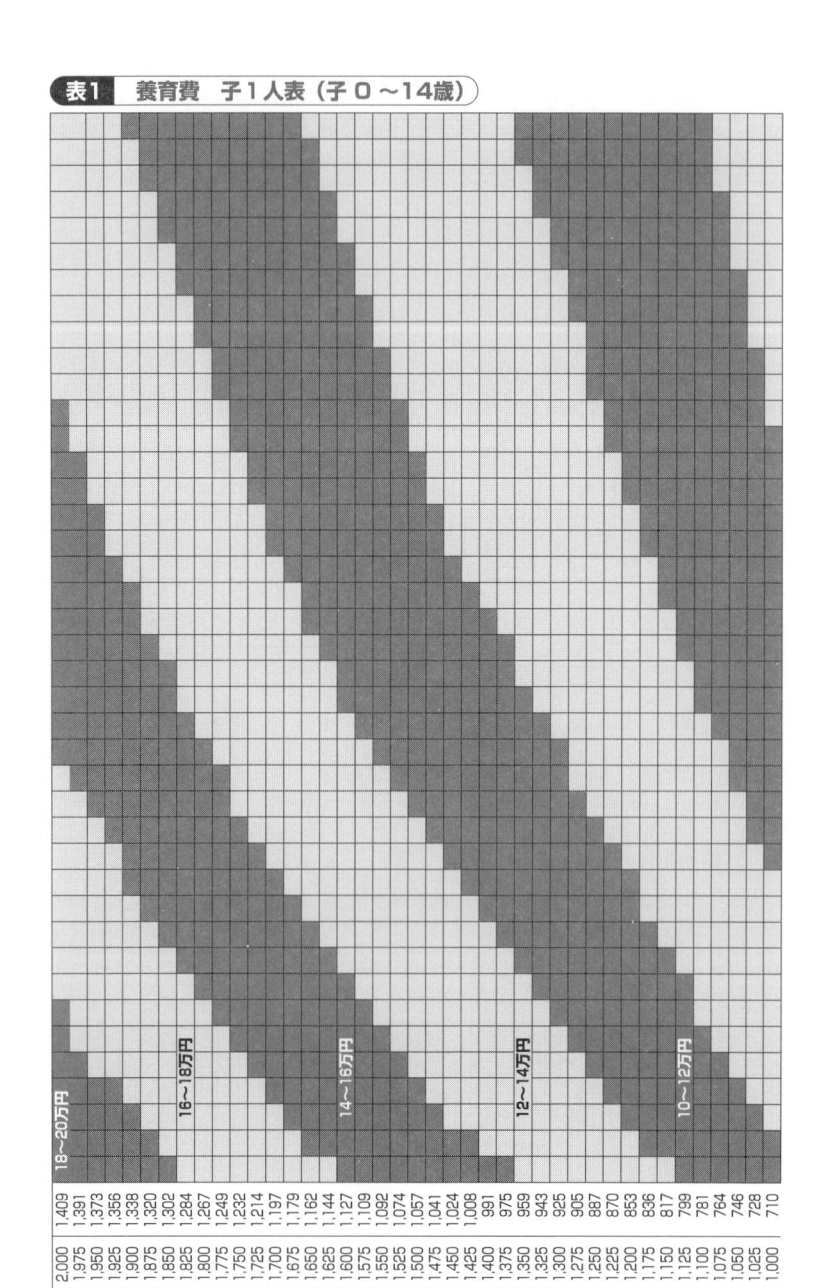

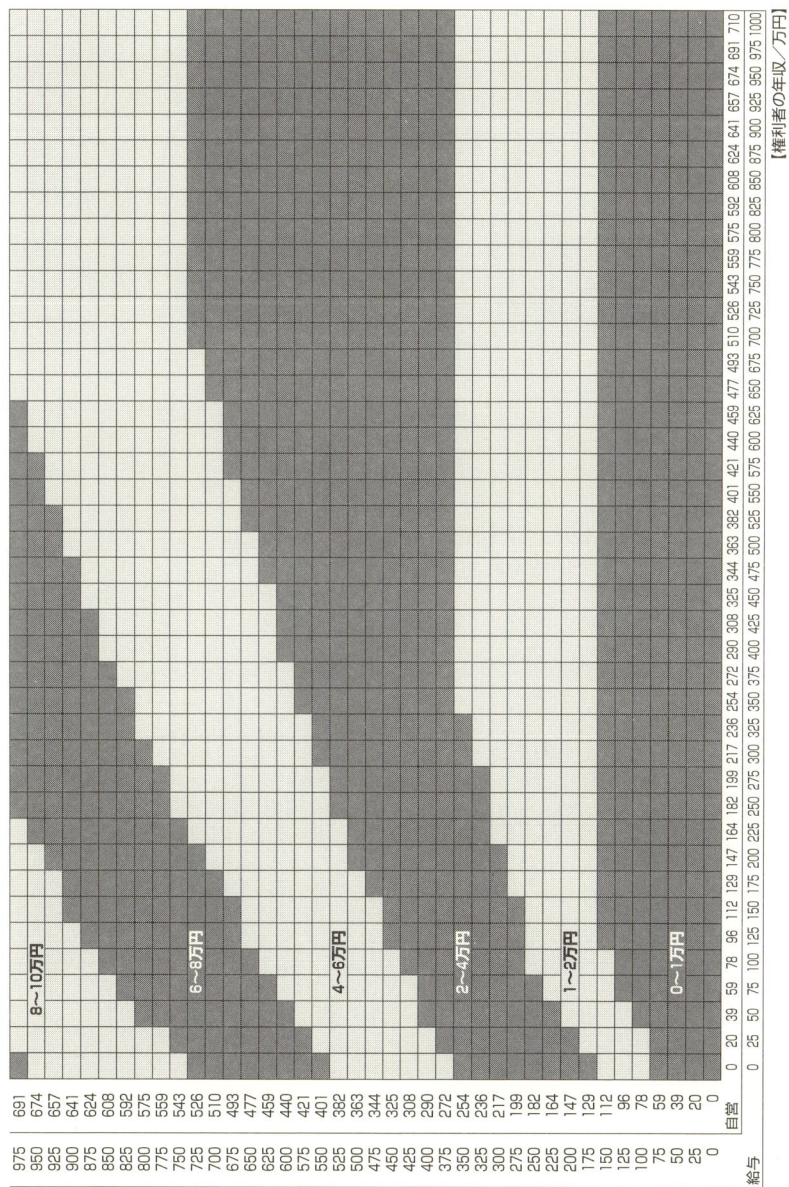

[権利者の年収／万円]

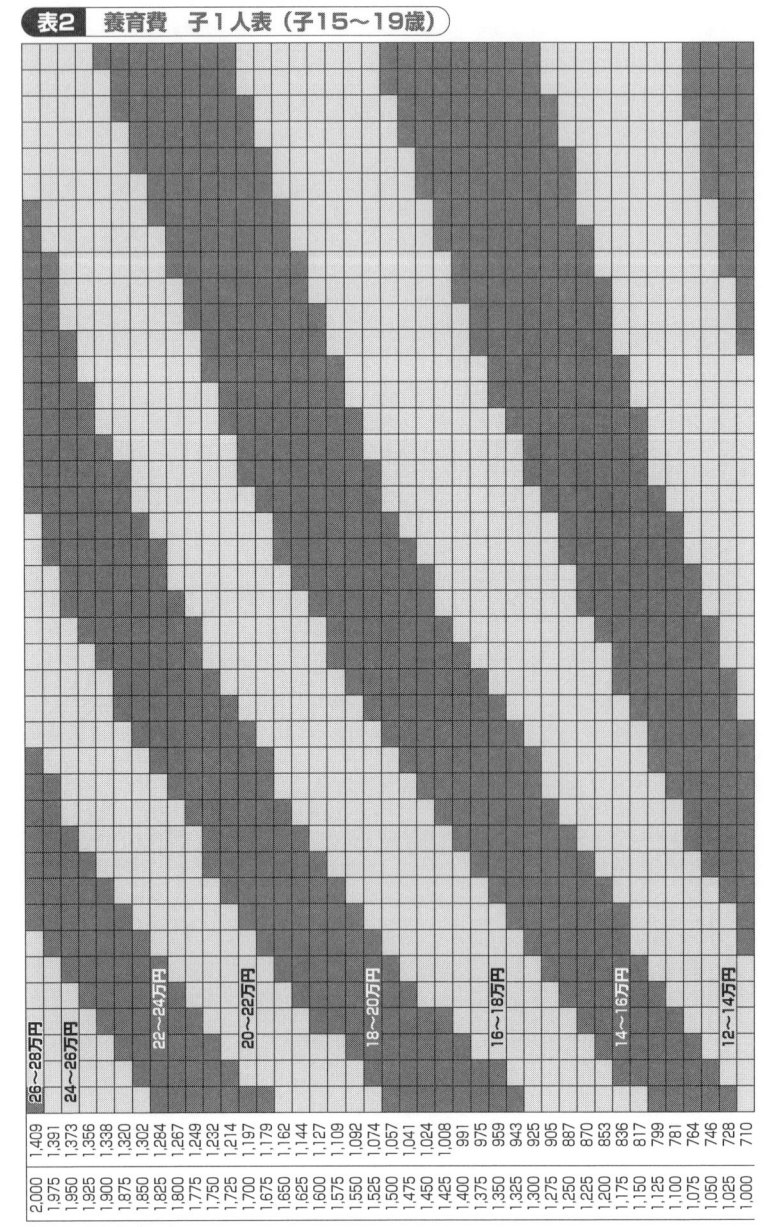

表2　養育費　子1人表（子15〜19歳）

義務者の年収／万円	
2,000	1,409
1,975	1,391
1,950	1,373
1,925	1,356
1,900	1,338
1,875	1,320
1,850	1,302
1,825	1,284
1,800	1,267
1,775	1,249
1,750	1,232
1,725	1,214
1,700	1,197
1,675	1,179
1,650	1,162
1,625	1,144
1,600	1,127
1,575	1,109
1,550	1,092
1,525	1,074
1,500	1,057
1,475	1,041
1,450	1,024
1,425	1,008
1,400	991
1,375	975
1,350	959
1,325	943
1,300	925
1,275	905
1,250	887
1,225	870
1,200	853
1,175	836
1,150	817
1,125	799
1,100	781
1,075	764
1,050	746
1,025	728
1,000	710

区分：
- 26〜28万円
- 24〜26万円
- 22〜24万円
- 20〜22万円
- 18〜20万円
- 16〜18万円
- 14〜16万円
- 12〜14万円

巻末資料　241

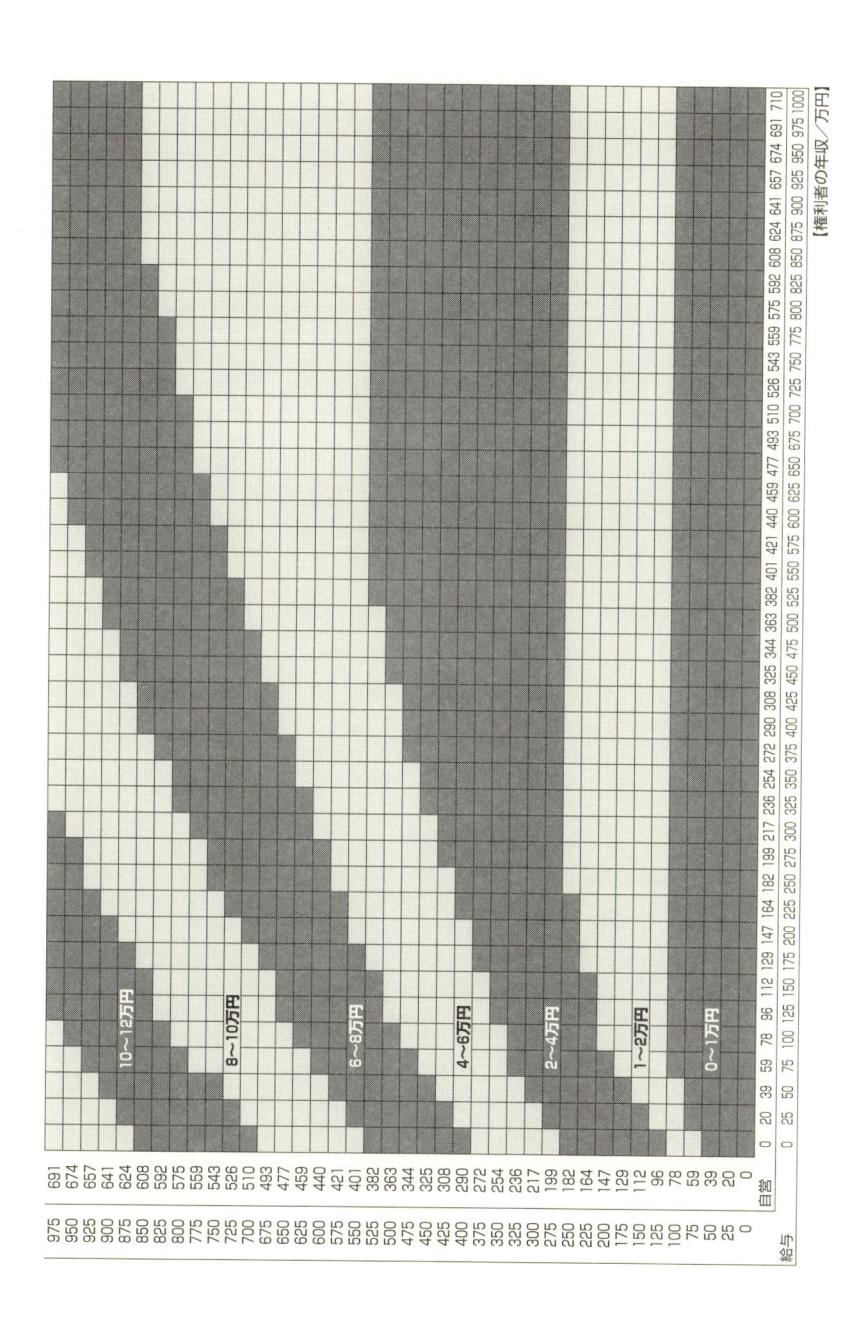

表3　養育費　子2人表（第1子及び第2子0～14歳）

義務者の年収\万円	
2,000	1,409
1,975	1,391
1,950	1,373
1,925	1,356
1,900	1,338
1,875	1,320
1,850	1,302
1,825	1,284
1,800	1,267
1,775	1,249
1,750	1,232
1,725	1,214
1,700	1,197
1,675	1,179
1,650	1,162
1,625	1,144
1,600	1,127
1,575	1,109
1,550	1,092
1,525	1,074
1,500	1,057
1,475	1,041
1,450	1,024
1,425	1,008
1,400	991
1,375	975
1,350	959
1,325	943
1,300	925
1,275	905
1,250	887
1,225	870
1,200	853
1,175	836
1,150	817
1,125	799
1,100	781
1,075	764
1,050	746
1,025	728
1,000	710

28～30万円
26～28万円
24～26万円
22～24万円
20～22万円
18～20万円
16～18万円
14～16万円

巻末資料　243

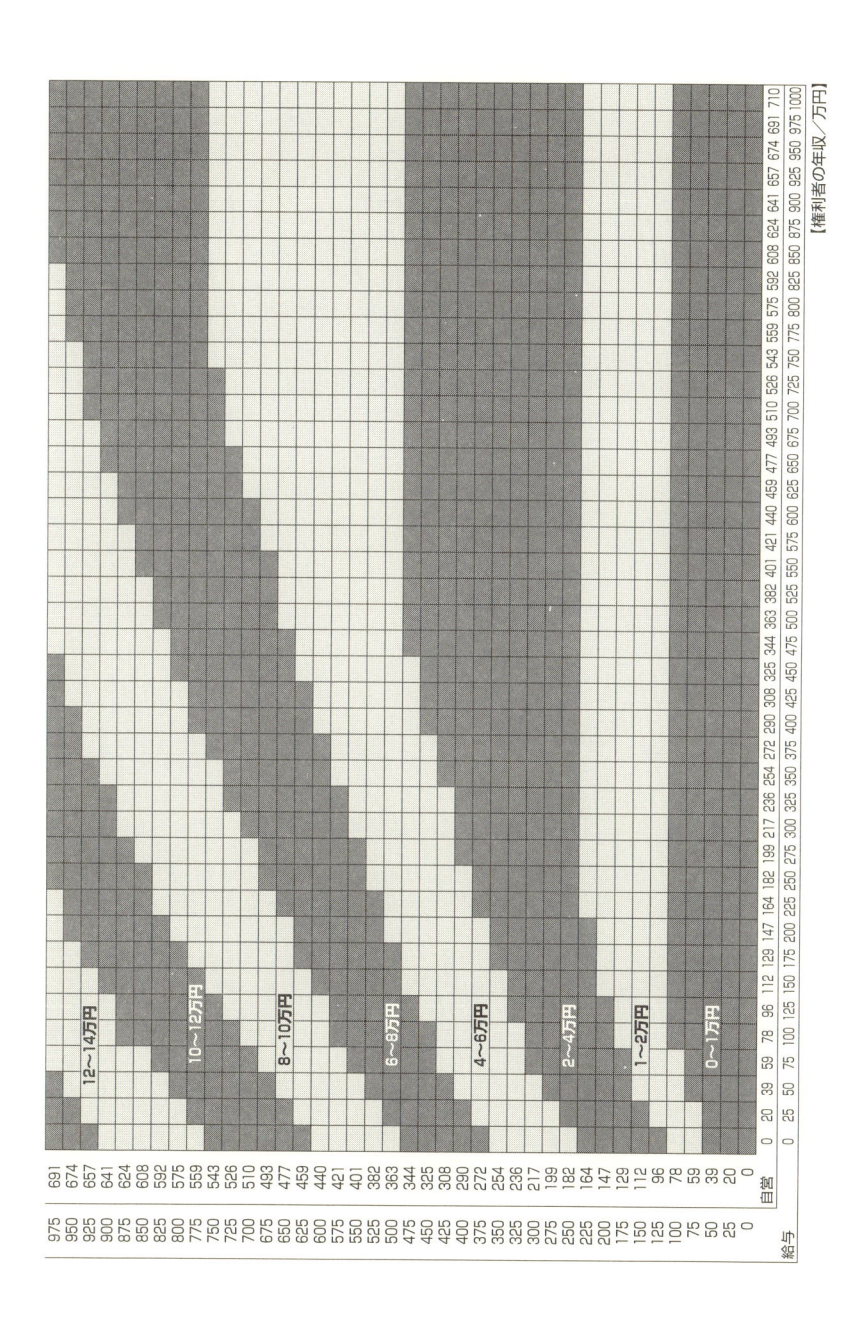

表4　養育費　子2人表（第1子15〜19歳，第2子0〜14歳）

義務者の年収／万円	金額
2,000	1,409
1,975	1,391
1,950	1,373
1,925	1,356
1,900	1,338
1,875	1,320
1,850	1,302
1,825	1,284
1,800	1,267
1,775	1,249
1,750	1,232
1,725	1,214
1,700	1,197
1,675	1,179
1,650	1,162
1,625	1,144
1,600	1,127
1,575	1,109
1,550	1,092
1,525	1,074
1,500	1,057
1,475	1,041
1,450	1,024
1,425	1,008
1,400	991
1,375	975
1,350	959
1,325	943
1,300	925
1,275	905
1,250	887
1,225	870
1,200	853
1,175	836
1,150	817
1,125	799
1,100	781
1,075	764
1,050	746
1,025	728
1,000	710

帯域区分：
- 32〜34万円
- 30〜32万円
- 28〜30万円
- 26〜28万円
- 24〜26万円
- 22〜24万円
- 20〜22万円
- 18〜20万円
- 16〜18万円

[権利者の年収／万円]

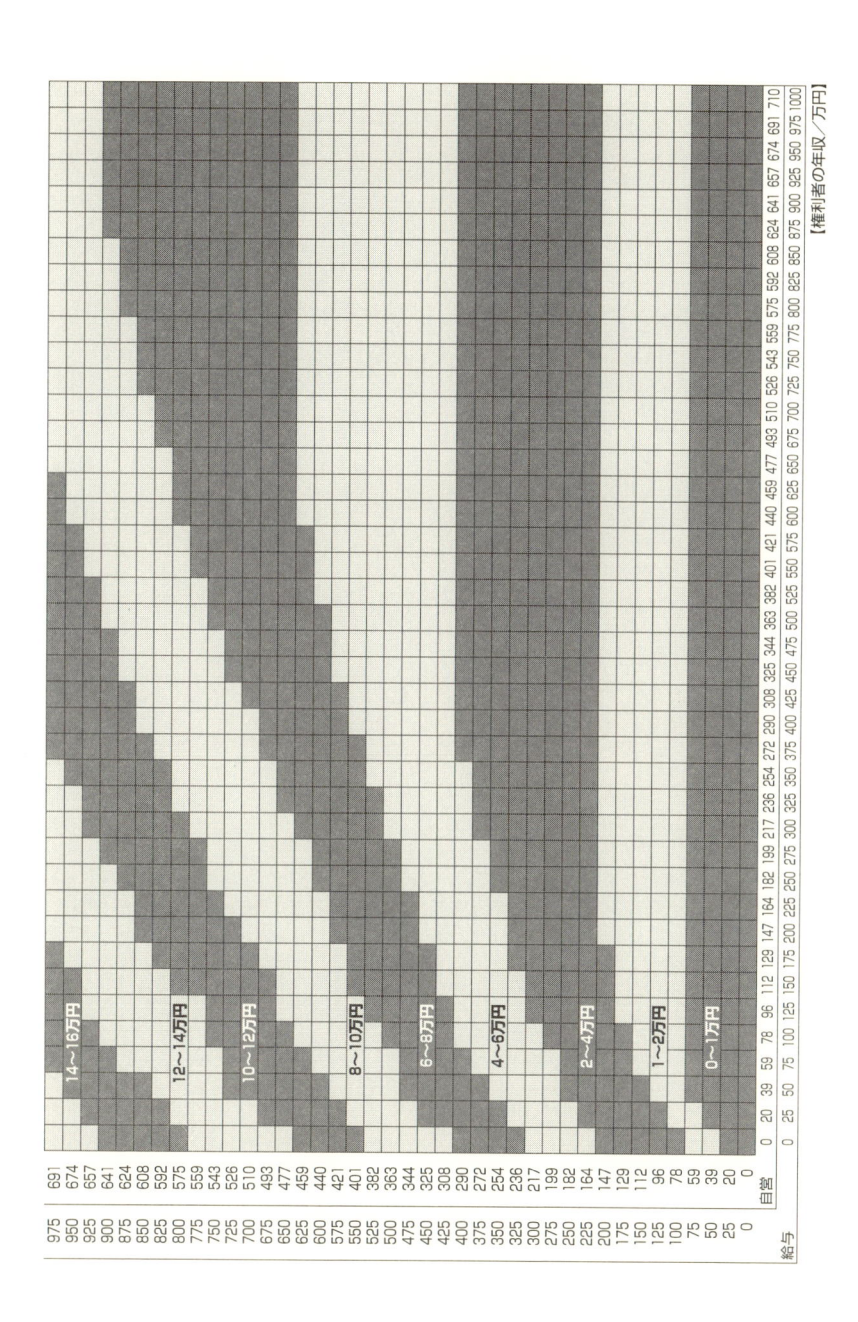

巻末資料　245

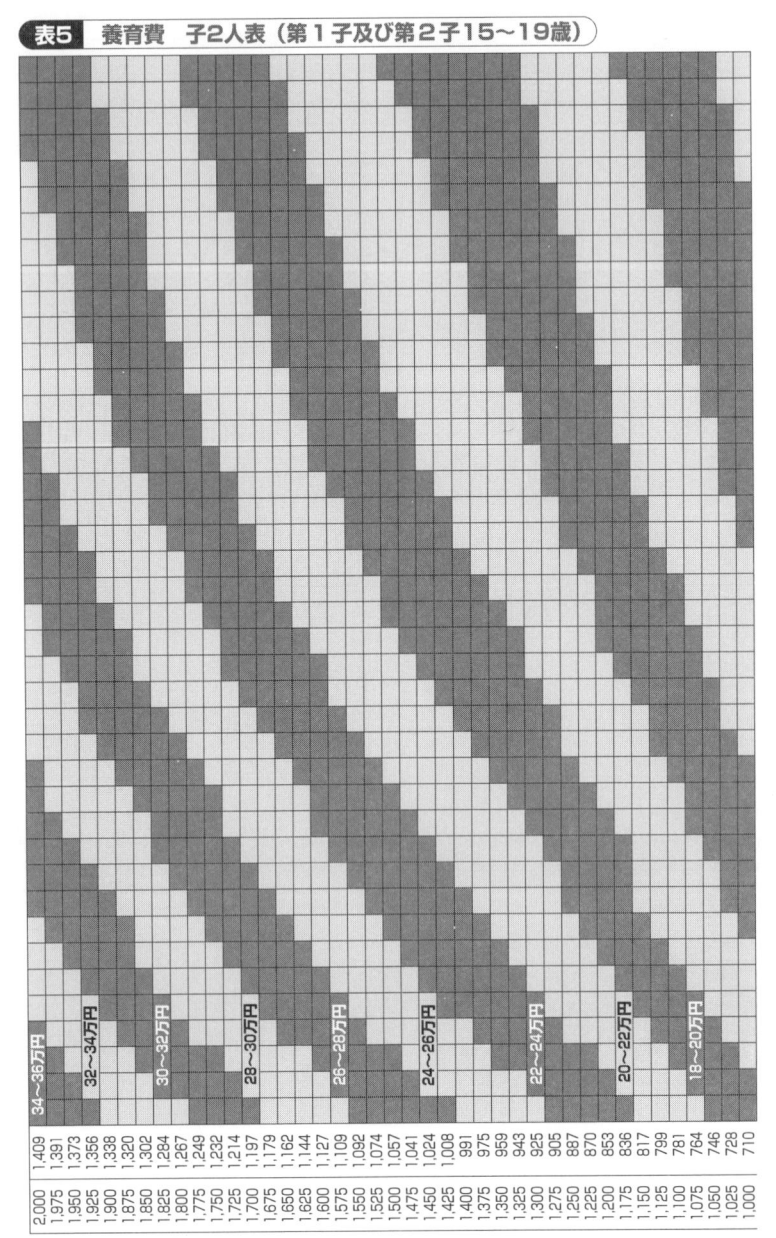

表5 養育費 子2人表（第1子及び第2子15〜19歳）

義務者の年収（万円）	金額
2,000	1,409
1,975	1,391
1,950	1,373
1,925	1,356
1,900	1,338
1,875	1,320
1,850	1,302
1,825	1,284
1,800	1,267
1,775	1,249
1,750	1,232
1,725	1,214
1,700	1,197
1,675	1,179
1,650	1,162
1,625	1,144
1,600	1,127
1,575	1,109
1,550	1,092
1,525	1,074
1,500	1,057
1,475	1,041
1,450	1,024
1,425	1,008
1,400	991
1,375	975
1,350	959
1,325	943
1,300	925
1,275	905
1,250	887
1,225	870
1,200	853
1,175	836
1,150	817
1,125	799
1,100	781
1,075	764
1,050	746
1,025	728
1,000	710

区分：
- 34〜36万円
- 32〜34万円
- 30〜32万円
- 28〜30万円
- 26〜28万円
- 24〜26万円
- 22〜24万円
- 20〜22万円
- 18〜20万円

巻末資料 247

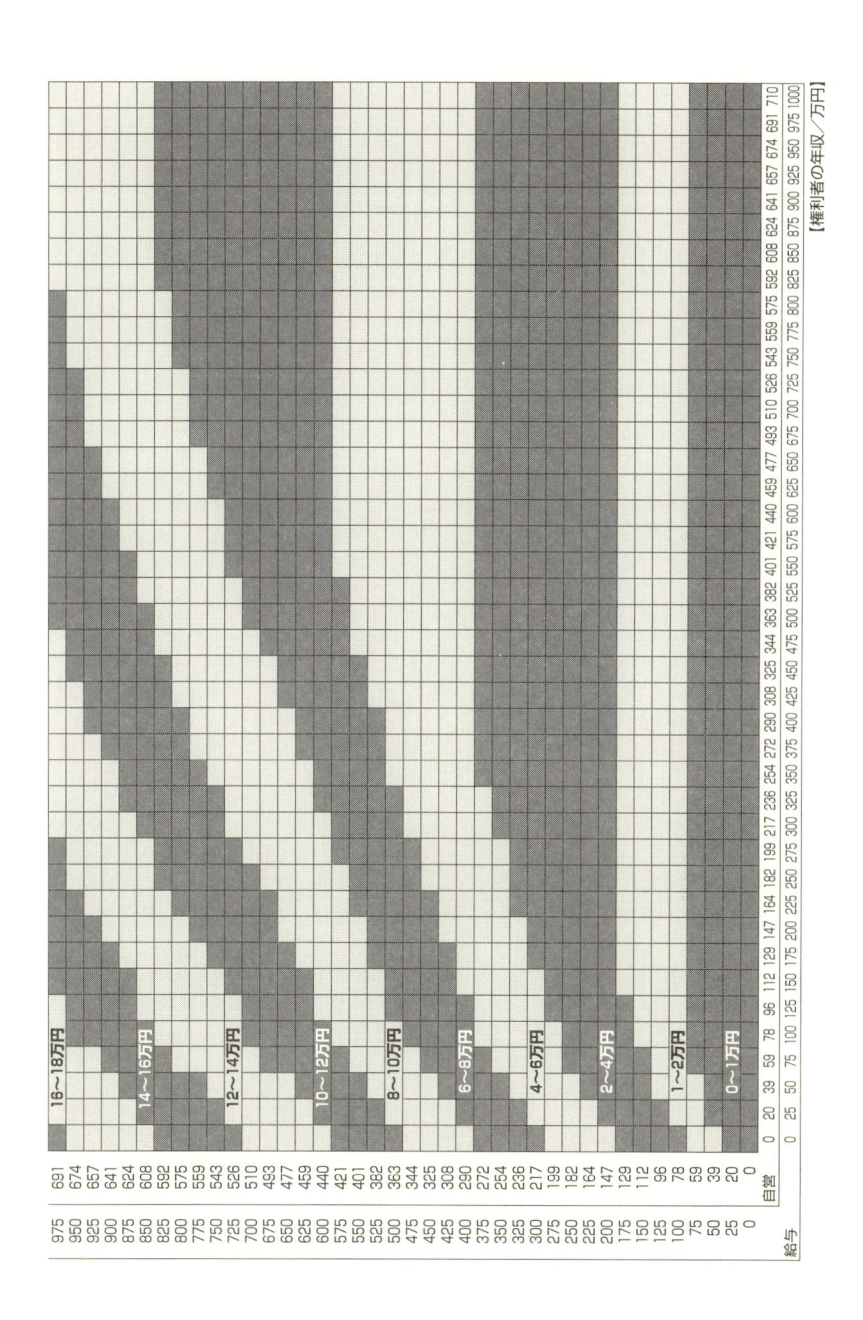

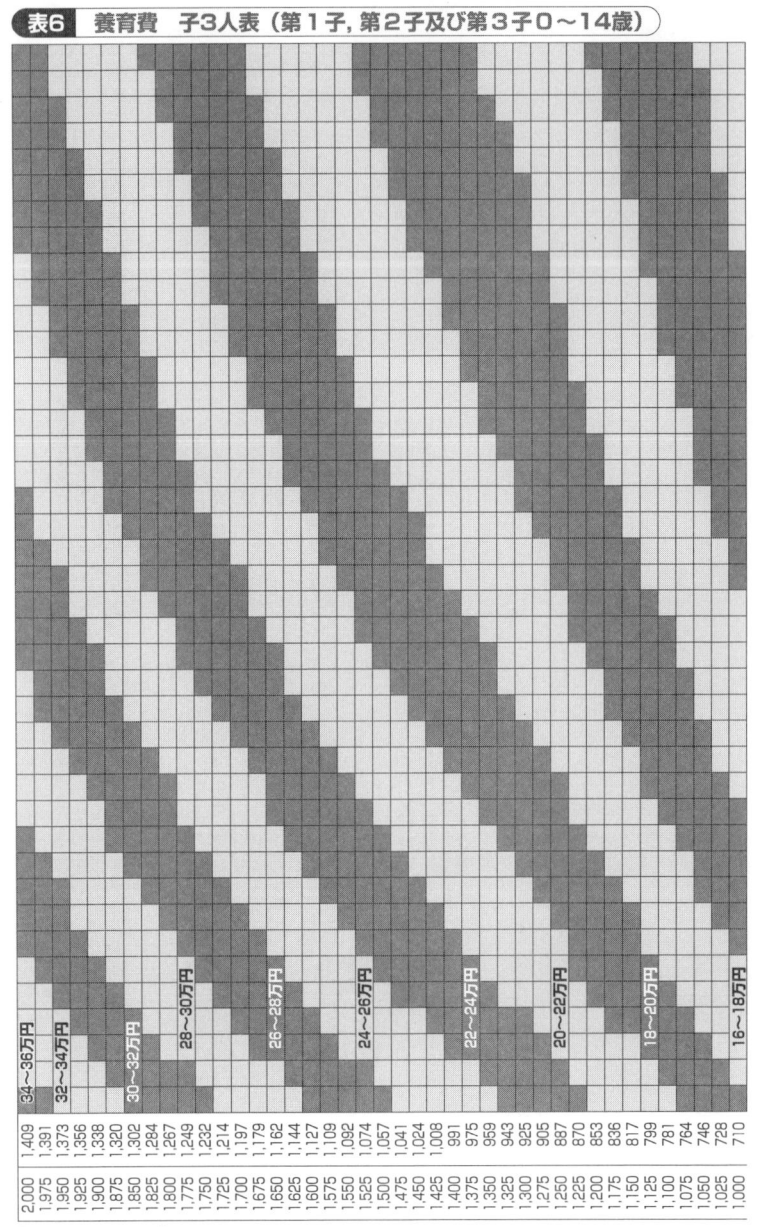

表6 養育費 子3人表（第1子, 第2子及び第3子0〜14歳）

巻末資料　249

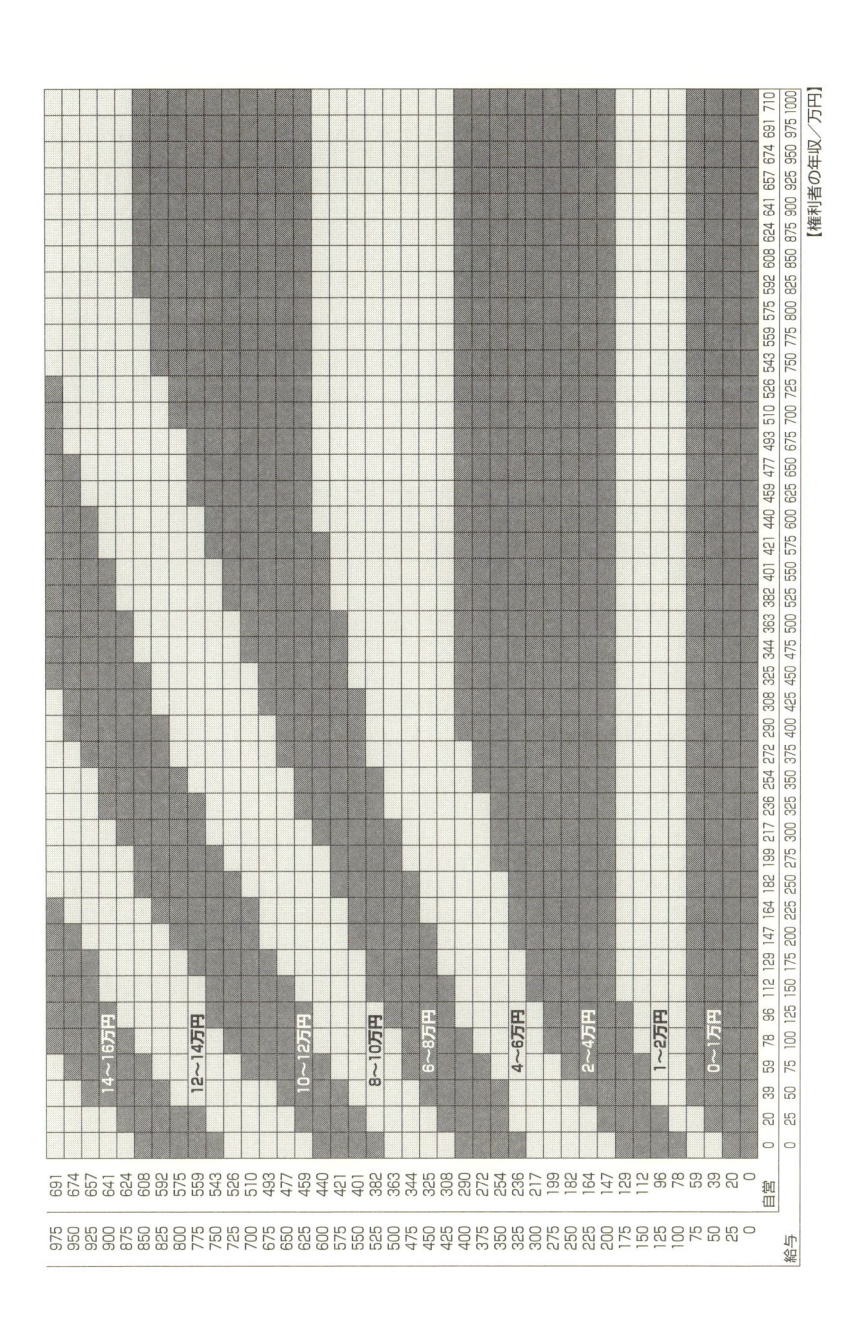

表7 養育費 子3人表（第1子15〜19歳，第2子及び第3子0〜14歳）

巻末資料　251

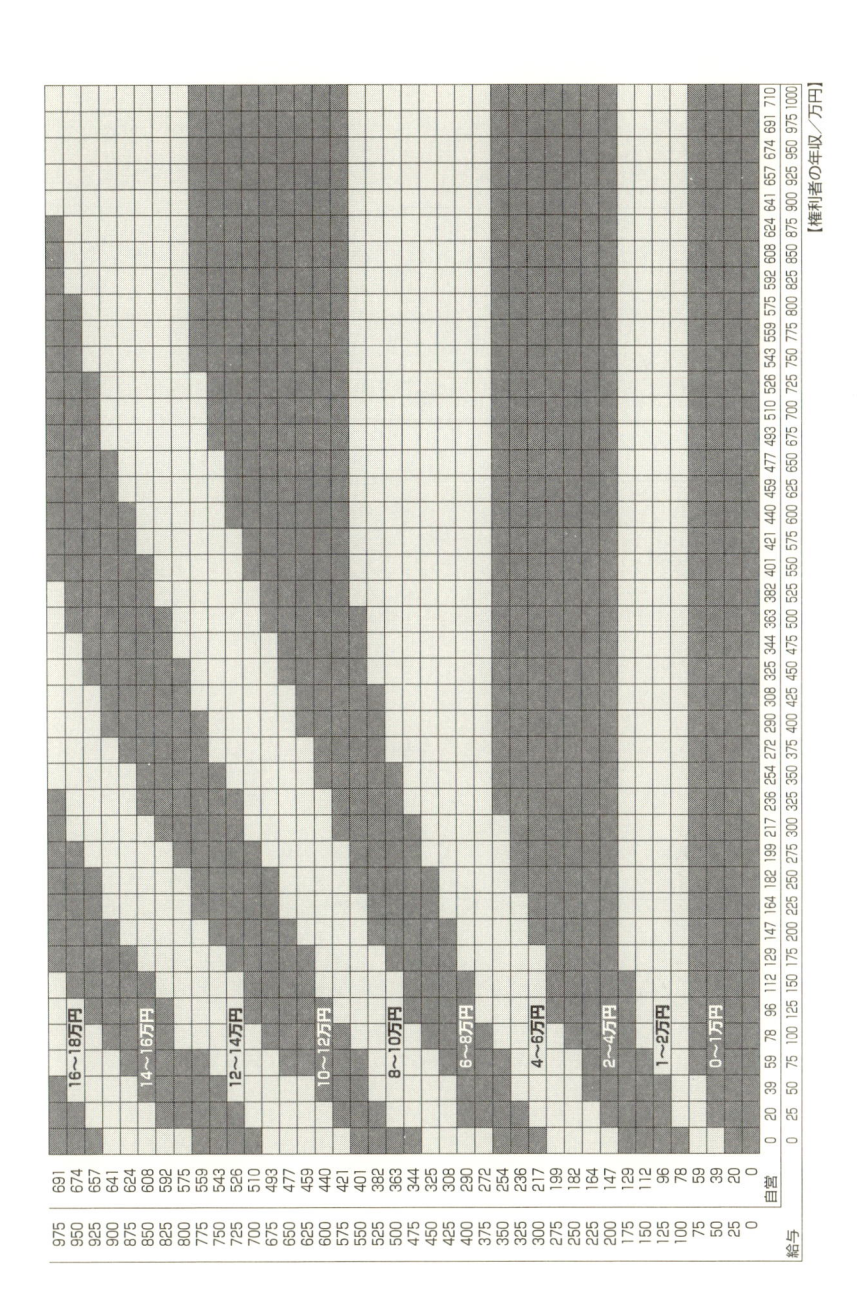

表8 養育費 子3人表（第1子及び第2子15～19歳，第3子0～14歳）

巻末資料　253

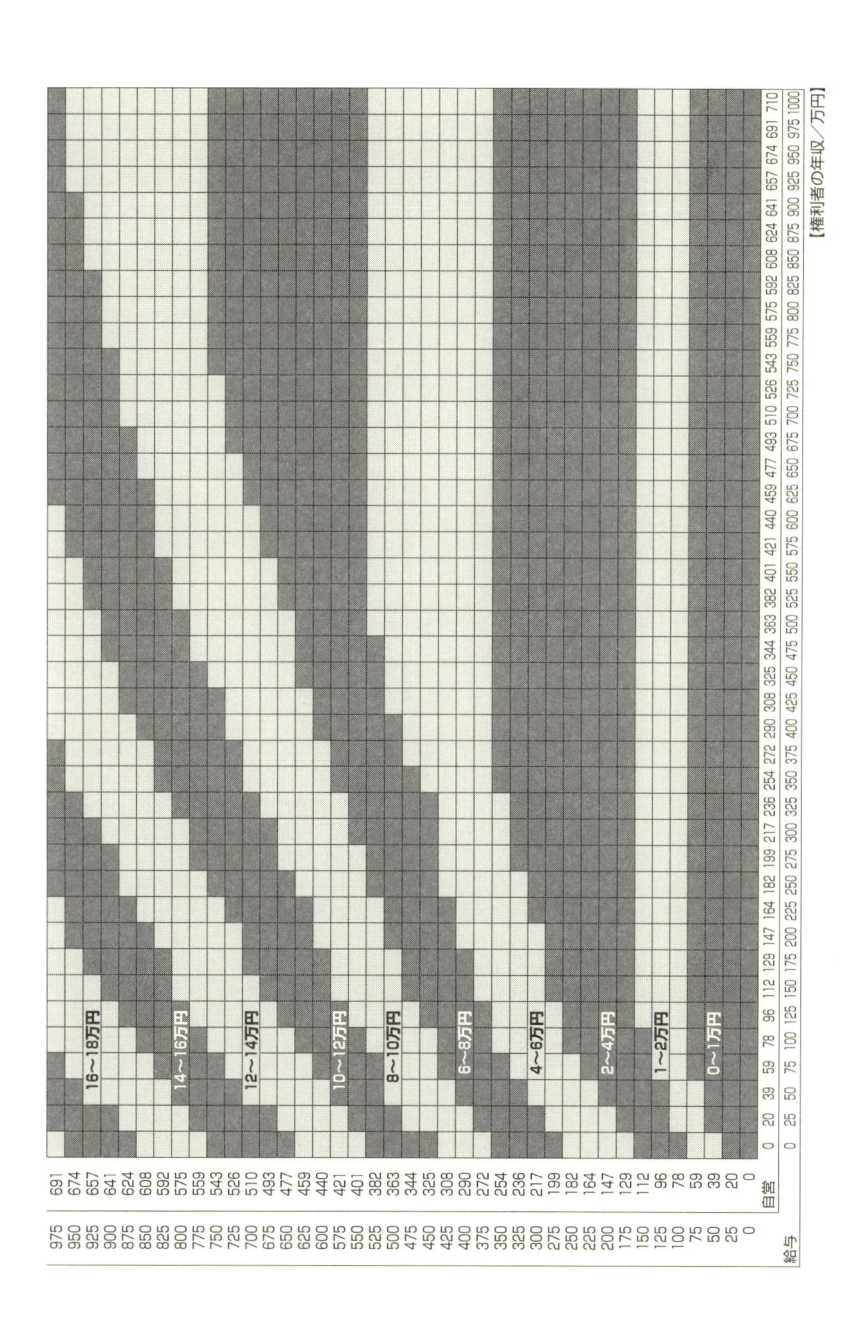

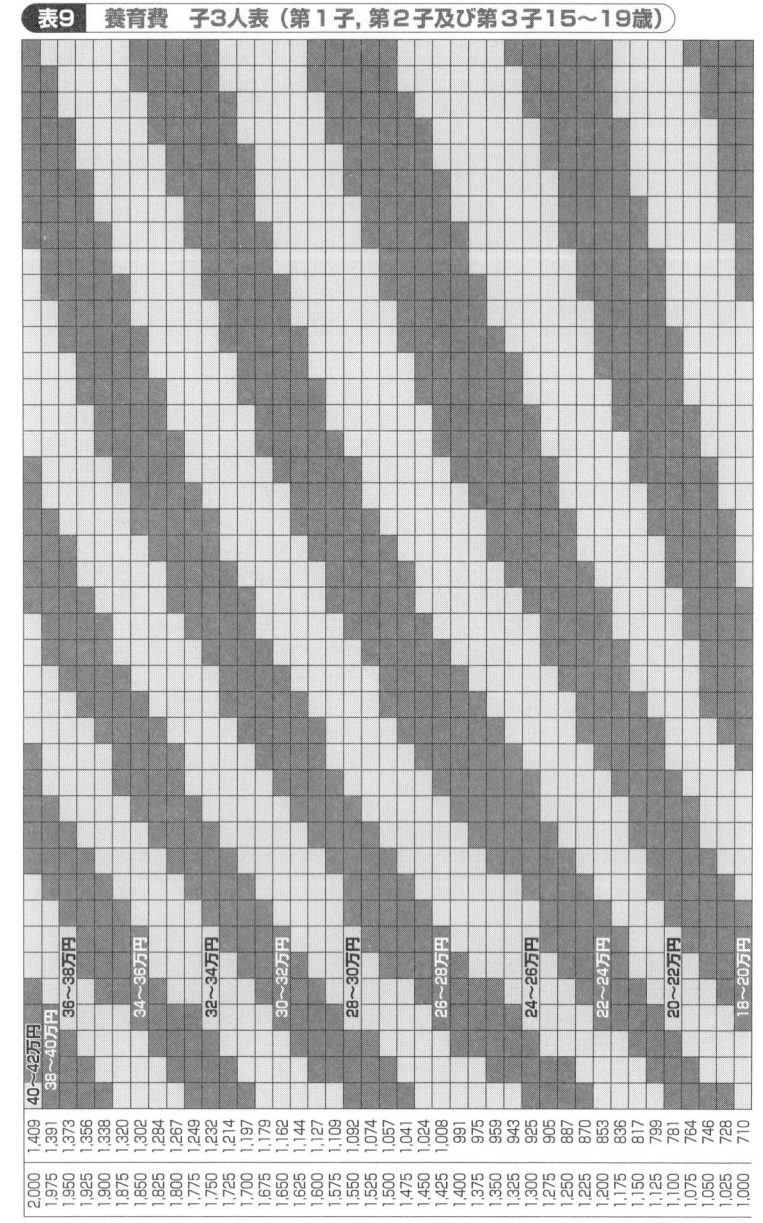

表9　養育費　子3人表（第1子，第2子及び第3子15～19歳）

義務者の年収／万円	権利者の年収／万円
40～42万円	
38～40万円	
36～38万円	
34～36万円	
32～34万円	
30～32万円	
28～30万円	
26～28万円	
24～26万円	
22～24万円	
20～22万円	
18～20万円	

権利者	義務者
1,409	2,000
1,391	1,975
1,373	1,950
1,356	1,925
1,338	1,900
1,320	1,875
1,302	1,850
1,284	1,825
1,267	1,800
1,249	1,775
1,232	1,750
1,214	1,725
1,197	1,700
1,179	1,675
1,162	1,650
1,144	1,625
1,127	1,600
1,109	1,575
1,092	1,550
1,074	1,525
1,057	1,500
1,041	1,475
1,024	1,450
1,008	1,425
991	1,400
975	1,375
959	1,350
943	1,325
925	1,300
905	1,275
887	1,250
870	1,225
853	1,200
836	1,175
817	1,150
799	1,125
781	1,100
764	1,075
746	1,050
728	1,025
710	1,000

254

【権利者の年収／万円】

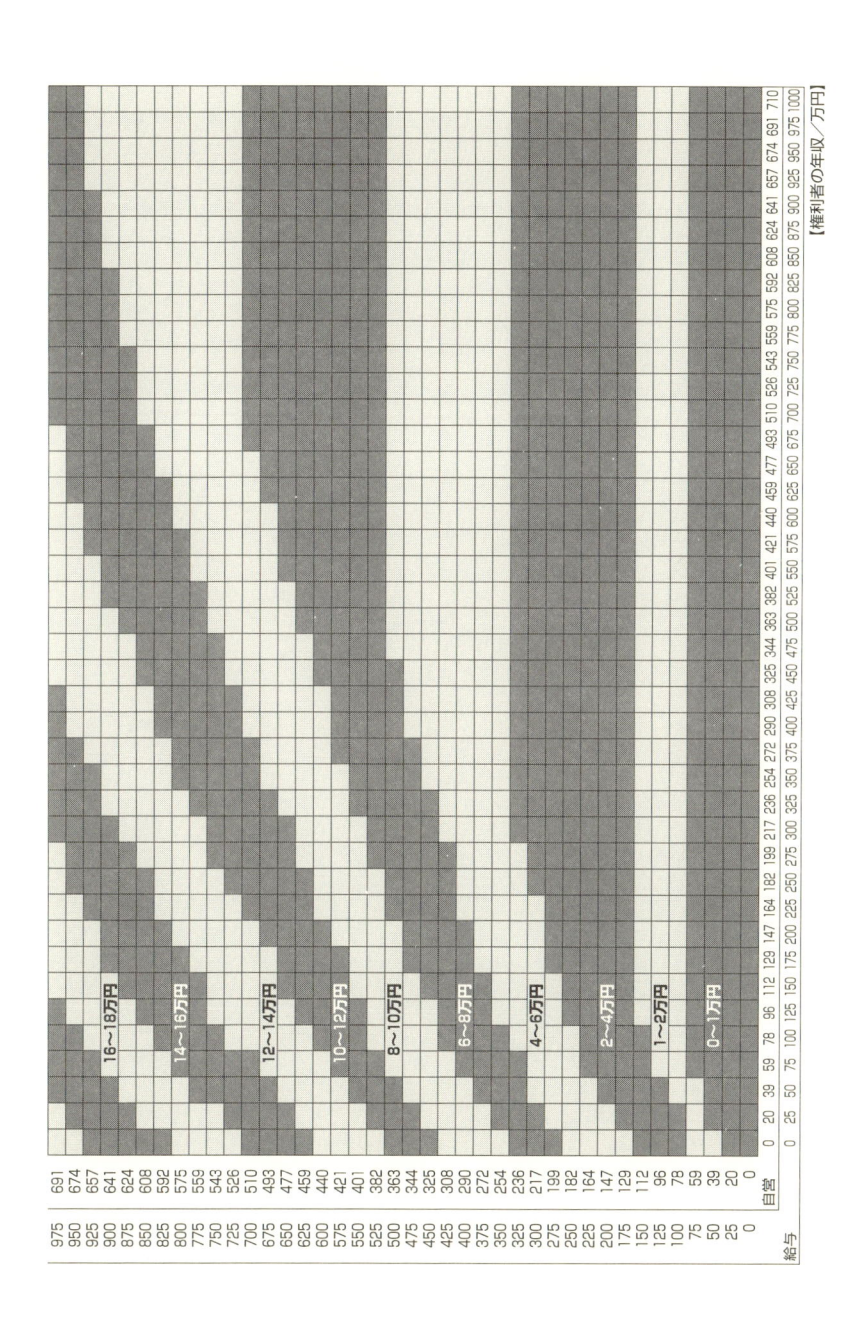

給与＼自営		
975	691	16〜18万円
950	674	
925	657	
900	641	
875	624	
850	608	
825	592	
800	575	14〜16万円
775	559	
750	543	
725	526	
700	510	
675	493	12〜14万円
650	477	
625	459	
600	440	
575	421	
550	401	10〜12万円
525	382	
500	363	
475	344	
450	325	8〜10万円
425	308	
400	290	
375	272	
350	254	6〜8万円
325	236	
300	217	
275	199	
250	182	4〜6万円
225	164	
200	147	
175	129	2〜4万円
150	112	
125	96	
100	78	1〜2万円
75	59	
50	39	0〜1万円
25	20	
0	0	

巻末資料　255

【監修者紹介】
梅原　ゆかり（うめはら　ゆかり）
弁護士（第二東京弁護士会所属）。1996年早稲田大学法学部卒業。1999年早稲田大学大学院卒業。2000年10月弁護士登録。現在、うめはら法律事務所、所長。
離婚関連のおもな著・監修に、『図解　夫婦・親子・家族の法律がわかる事典』『トラブルから子供を守る法律マニュアル』『図解とQ&Aでわかる　夫婦・親子・家族をめぐる法律トラブル解決マニュアル』『家事事件手続法と調停・審判申立書サンプル48』（小社刊）などがある。

図解とQ&Aでわかる
浮気調査から財産分与、養育費、親権まで
離婚をめぐる法律とトラブル解決相談129

2014年10月10日　第1刷発行

監修者	梅原ゆかり
発行者	前田俊秀
発行所	株式会社三修社
	〒150-0001　東京都渋谷区神宮前2-2-22
	TEL　03-3405-4511　FAX　03-3405-4522
	振替　00190-9-72758
	http://www.sanshusha.co.jp
	編集担当　北村英治
印刷・製本	萩原印刷株式会社

©2014 Y. Umehara Printed in Japan
ISBN978-4-384-04619-9 C2032

®〈日本複製権センター委託出版物〉
本書を無断で複写複製（コピー）することは、著作権法上の例外を除き、禁じられています。本書をコピーされる場合は事前に日本複製権センター（JRRC）の許諾を受けてください。
JRRC（http://www.jrrc.or.jp　e-mail：info@jrrc.or.jp　電話：03-3401-2382）